Johannes Schilling · Kursbuch Jugendarbeit

Johannes Schilling

Kursbuch Jugendarbeit

informieren - planen - handeln

Kösel-Verlag München

CIP-Kurztitelaufnahme der Deutschen Bibliothek

Schilling, Johannes:
Kursbuch Jugendarbeit : informieren – planen – handeln / Johannes Schilling. – München : Kösel, 1983.
ISBN 3-466-36169-9

ISBN 3-466-36169-9

Satz: ts Ingrid Geithner, 8059 Walpertskirchen
Druck und Bindung: Kösel, Kempten
Grafik: Willy Bäßler, München
Umschlaggestaltung: Günther Oberhauser, München

Inhalt

Einleitung

In diesem Buch geht es um Grundfragen jedes erzieherischen Handelns. Es geht also um *Selbstverständlichkeiten*. Diese sollen dem Jugendarbeiter bewußtgemacht werden, damit er über seine pädagogischen Absichten besser reflektieren und sich Rechenschaft ablegen kann.

- Wo kann man lernen, wie man als Gruppenleiter, Jugendarbeiter etc. seine Gruppenstunde, seine Praxis plant?
- Was muß ein Gruppenleiter, Jugendarbeiter wissen und können, will er verantwortlich erziehen?
- Welche pädagogischen Fähigkeiten sollte ein Gruppenleiter, Jugendarbeiter besitzen, wenn er sich als Erzieher versteht?

Es ist gut, sich öfter solche Fragen zu stellen, um den eigenen Standort auszumachen, an dem man steht. Ob man sich möglicherweise fortbilden muß oder ob eine Umorientierung nötig ist.

Dieses Buch will

- den, der sich näher mit Jugendarbeit auseinandersetzen und selbst Jugendarbeit durchführen möchte, schulen, die wichtigsten Grundkenntnisse der Pädagogik zu lernen;
- dem, der bereits in der Jugendarbeit tätig ist, Denkanstöße zur Reflexion seiner Praxis und Anregungen für seine Weiterbildung geben.

Der Leser soll mit diesem Buch eine Lernhilfe zur besseren Planung seiner Praxis erhalten.

Somit richtet sich das Buch an jeden in der Jugendarbeit Tätigen, ob ehrenamtlich, nebenamtlich oder hauptamtlich. Auch Club- und Gruppenleiter können mit diesem Buch lernen, wie sie ihre Arbeit planen und durchführen können.

Das Buch ist ein *Arbeitsbuch*. Entsprechend hat es folgenden Aufbau:

1. *Ziele der Lektion*
   Worum geht es in der „Lektion", was sind die Lerninhalte?
2. *Situation*
   Ein Beispiel aus der Praxis führt in die angesprochene Thematik ein. Es folgen Fragen, die der Leser zu beantworten versuchen soll. Im Anschluß daran wird das Beispiel interpretiert.
3. *Themen, Begriffe, Fragen*
   Die mit dem Beispiel aufgeworfenen Themen, Begriffe oder Fragen werden jeweils näher erklärt.
4. *Beispiele aus der Praxis*
   Nach den mehr theoretischen Abhandlungen werden mehrere Beispiele aus der Praxis angeführt, um die Relevanz der Überlegungen zu verdeutlichen.

5. *Einwände*
   In diesem Abschnitt werden exemplarisch Einwände und Bedenken diskutiert.
6. *Lernkontrolle*
   Den Abschluß bilden Fragen zur Kontrolle des Lernerfolgs.
7. *Literatur*
   Will der Leser sich mit den behandelten Fragen und Problemen weiter befassen, gibt ihm das Literaturverzeichnis wichtige Hinweise.

Der Leser wird beim Durcharbeiten des Buches schnell erkennen, daß er eine Reihe von Anregungen erhält, die er nicht nebenbei verarbeiten kann. Vielmehr bedarf es Zeit und Übung, um das Vermittelte auch tatsächlich zu beherrschen. Diesbezüglich möchte ich den Leser ermuntern, nicht so schnell aufzugeben, das Gesagte als Theorie abzutun, sondern offen zu sein und Neues zu experimentieren. Nur so kann er Erfolg haben. Kritik ist wichtig, Phantasie ist besser!

Zur Entstehung dieses Buches:

1. Als Praktiker habe ich es sehr bedauert, daß ich selbst nur mangelhaft auf meine Arbeit als Jugendberater vorbereitet war. Aufgrund meines Studiums hatte ich zwar viel theoretisches Wissen erworben, aber wenig Kenntnis davon, wie ich dieses in die Praxis einbringen könnte. So war ich immer gefordert, mir neues Wissen und Kenntnisse anzueignen.
2. Als Lehrender für Didaktik/Methodik der Jugendarbeit und Freizeitpädagogik habe ich die Aufgabe, Studenten Grundkenntnisse der Didaktik und Methodik der Sozialpädagogik zu vermitteln. In vielen Grundlagenseminaren habe ich mit ihnen den Inhalt dieses Buches erarbeitet, diskutiert und dabei wertvolle Anregungen erhalten.
3. Die Auseinandersetzung mit dieser Thematik überzeugte mich immer mehr davon, daß Jugendarbeiter Grundkenntnisse dieser Art brauchen. Manches hätte ich in meiner praktischen Arbeit anders gemacht, manche Enttäuschung wäre mir erspart geblieben, hätte es ein solches Buch gegeben.

Ich will den Versuch unternehmen, dem Jugendarbeiter ein Modell an die Hand zu geben, nach dem er seine Praxis durchsichtiger gestalten kann. Vielleicht kann dieses Buch vor Enttäuschungen und Schäden bewahren. Dabei sei darauf verwiesen, daß es sich um einen *ersten Versuch* handelt. Ich habe dennoch den Mut, ihn in dieser Form zu veröffentlichen, da ich überzeugt bin, daß dieser Versuch so offen ist, um verändert werden zu können. Den Leser kann ich also nur auffordern, mit diesem Modell zu experimentieren, es zu verändern, eventuell ein neues zu entwickeln. Nur eines ist wichtig: die eigene Kreativität.

Wenn ich nicht so vorgehen kann wie ich möchte, wie kann ich dann mein Praxisfeld und mein pädagogisches Handeln anders strukturieren?

Noch ein letzter Hinweis: In einigen der vorausgegangenen Bände wurde bereits darauf hingewiesen, daß die jeweilige Thematik eigentlich in einem didaktisch-methodischen Zusammenhang gesehen werden muß. Das vorliegende Buch beinhaltet in vieler Hinsicht die Grundlagen, die z. B. zur Planung von Gruppenstunden („3 x 52 Gruppenstunden") und zur Einsetzung von Methoden („Methodenbuch Jugendarbeit") notwendig sind. Somit reiht sich dieser Ergänzungsband in die bereits erschienenen Bände ein.

Aber auch bei diesem Buch muß ich aus Platzgründen Einschränkungen vornehmen. Ursprünglich sollte dieser Band umfangreich über das Thema Jugendarbeit berichten. Es waren weitere Lektionen vorgesehen wie

- Definition von Jugendarbeit[1]
- Organisation und Aufbau von Jugendarbeit
- Überblick und kritische Würdigung theoretischer Modelle von Jugendarbeit
- Überblick über didaktische Theorien.

Diese Kapitel mußten entfallen, weil sie das Buch zu sehr verteuert hätten. Ich hoffe, diese Themen vielleicht in einem späteren Folgeband aufgreifen und behandeln zu können.

Zum Schluß möchte ich mich bedanken:

- bei allen Mitarbeitern aus meiner Praxis, die mir zu vielen Einsichten verholfen haben, die hier Eingang fanden;
- bei vielen Jugendarbeitern, mit denen dieses Manuskript diskutiert wurde;
- bei den Studenten der Fachhochschule Düsseldorf, Fachbereich Sozialpädagogik, mit denen diese Thematik in vielen Grundlagenseminaren durchgearbeitet wurde;
- bei meiner Frau, die das Manuskript überarbeitet hat.

---

1 *J. Schilling:* Erziehungsfeld Jugendarbeit – Ein Versuch zur didaktischen Abgrenzung und Festlegung, in: jugend wohl 6/1981, 223-227; 7/1981, 259-264.

1 Grundlegende Begriffe

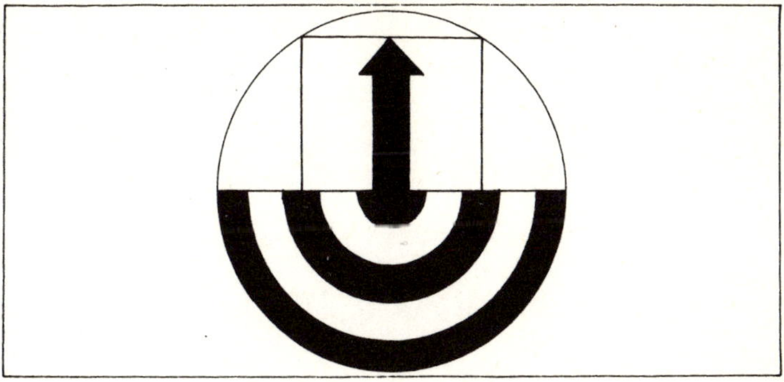

Ziele
Situation
Grundlegende Begriffe
(Didaktik, Methodik,
(Curriculum, Konzept)
Beispiele aus der Praxis
Einwände und Fragen
Lernkontrolle
Literatur

1 Ziele

1.1 Grobziel

Grundlegende Begriffe der Didaktik und Methodik und ihre Bedeutung für die Jugendarbeit kennenlernen und erkennen.

1.2 Feinziele

- Die Begriffe Didaktik, Methodik, Curriculum, Konzept verstehen und erklären können.
- Die Notwendigkeit von offenen Konzepten in der Jugendarbeit erkennen.
- Anhand von Praxisbeispielen die Möglichkeiten didaktisch-methodischen Handelns erklären können.
- Ein Schema zur Planung eines Konzeptes kennenlernen.
- Einwände gegen ein didaktisch-methodisches Konzept entkräften können.
- Zum Thema relevante Literatur kennen.

2 Situation

2.1 Beispiel

Ein Gruppenleiter (ehrenamtlich tätig, 17 Jahre, seit einem Jahr Leiter einer Kindergruppe im Alter von 10-12 Jahren) kommt zum Jugendarbeiter.

A: *Kannst du mir sagen, was ich heute mit meiner Gruppe machen könnte? Ich bin am Verzweifeln. Glaubst du, mir fiele etwas ein? Nichts läuft mehr.*
B: *Es ist unheimlich schwer, immer etwas Neues zu bringen. Das ist nicht einfach. Was soll ich dir raten?*
A: *Ich brauche Ideen. Konkret: was soll ich heute Nachmittag mit der Gruppe anfangen?*
B: *Ja, weißt du, da habe ich so meine Schwierigkeiten. Ich könnte dir so aus dem Stegreif einige Ideen nennen. Vielleicht sind sie für dich neu, vielleicht kennst du sie und hast sie schon mit*

einer Gruppe verwirklicht. Ich könnte dir auch ein Buch geben. Du schreibst dir ein paar Ideen heraus. Im Moment ist dir dann zwar geholfen. In drei oder vier Wochen stehst du dann aber wieder vor der gleichen Situation usw.
Ich kenne ja deine Gruppe. Da ist eigentlich immer etwas los. Ich sehe deshalb nicht so schwarz wie du. Du machst viel „action". Aber weißt du, da liegt vielleicht auch das Problem. Wenn in der Gruppe etwas läuft, ist es ja gut, doch kann man das nicht ständig durchhalten. Du mußt dich grundsätzlich einmal fragen: „Was will ich mit der Gruppe eigentlich erreichen? Was sollen die Kinder in der Gruppe und durch mich lernen?" Das ist die alles entscheidende Frage. Wenn du sie geklärt hast, kannst du weiter überlegen, wie du vorgehen mußt. Wenn du so einen Plan hast, den du mit der Gruppe erarbeitet hast, kannst du auch viel eher eine Gruppenstunde planen, vielleicht sogar mit der Gruppe zusammen. Dann erst kann ich dir raten, was du tun könntest.
A: *Was du da sagst, klingt gut, aber damit weiß ich noch immer nicht, was ich heute mit meiner Gruppe anfangen soll.*
B: *Ist klar. Gehen wir einmal eins nach dem anderen durch . . .*

2.2 Fragen

Versuchen Sie nun folgende Fragen zu beantworten:

1. *Wo liegt das Problem des Gruppenleiters?*
2. *Worum geht es dem Jugendarbeiter bei diesem Gespräch?*
3. *Wie würden Sie dem Argument begegnen: In der Theorie ganz gut, aber für die Praxis nicht geeignet?*
4. *Was wird der Jugendarbeiter dem Gruppenleiter noch näher erklären? Wie könnte das Gespräch weiter verlaufen?*

2.3 Interpretation des Beispiels

Es geht dem Jugendarbeiter darum, dem Gruppenleiter klar zu machen, daß es einem Aktivismus gleichkommt, den man nicht gutheißen kann, wenn man in einer Gruppe laufend neue Aktivitäten plant. Vielmehr muß jeder mit Erziehung Befaßte – also auch der Gruppenleiter – sich klar werden, welche Ziele er verfolgt. Die grundsätzliche Frage lautet: *Was* will ich erreichen? Sind erst die Ziele klar, folgt die zweite Frage: *Wie* will ich diese Ziele erreichen? Da es sich um mehrere Ziele und Methoden handelt, die in einem inneren Zusammenhang stehen, hat der Gruppenleiter auch einen *Plan* (ein *Konzept*), nach dem er arbeitet. Dies muß dem Gruppenleiter erklärt werden. Wenn ihm diese Argumentation einsichtig ist, kann man versuchen, die Ziele umzusetzen. Anhand von Beispielen dürfte das am ehesten möglich sein. Der Jugendarbeiter könnte das Gespräch folgendermaßen fortsetzen:

B: *Nehmen wir einmal an, du hast zum Ziel, die Gruppe soll selbständig werden. Jetzt überlegst du dir, wie die Gruppe das erreichen kann. Du siehst ein, daß du dabei ganz anders vorgehen, ganz andere Programme wählen mußt, als wenn z. B. dein Ziel wäre, wie sich die Gruppe in der Gemeinschaft wohlfühlen lernt, was sicher auch ein wichtiges Ziel ist. Gehen wir davon aus, du wählst „Selbständigkeit" als Ziel. Deine Programme würdest du dann vielleicht in folgenden Schritten planen:*

1. *Zuerst planst und führst du die Gruppenstunden alleine durch.*
2. *Du beteiligst einige besonders aktive Mitglieder aus der Gruppe an der Planung und Durchführung der Gruppenstunde.*
3. *Jedes Mal treffen sich einige Gruppenmitglieder mit dir, aber stets andere, damit alle einmal beteiligt waren. Ihr plant gemeinsam die Stunde und führt sie auch durch.*
4. *Ihr plant im Team die Gruppenstunde, aber die Mitglieder führen sie alleine durch. Du gibst nur noch Hilfestellung.*
5. *Die Gruppenmitglieder planen alleine die Stunden, du berätst sie nur noch.*

Wenn du mit einem solchen Konzept einverstanden bist, müssen wir jetzt überlegen, was du nun konkret vorbereiten mußt. Darüber hinaus müssen wir aber planen, wie du langfristig vorgehen kannst, um in deiner Gruppe dieses Ziel zu erreichen. Wir haben dabei drei Punkte zu beachten:

1. *Was machst du in der nächsten Gruppenstunde?*
2. *Welches Ziel setzt du für deine Gruppe, welches erscheint dir für deine Gruppe realistisch?*
3. *Wie könnte ein Programm aussehen, das dich diesem Ziel näher bringt?*

3 Grundlegende Begriffe

Anhand dieses Beispiels wurden drei wichtige Begriffe der Erziehung verdeutlicht. Erziehung hat es immer mit *Zielen* und *Metho-*

den zu tun, d. h. mit einem Plan oder *Konzept*. Was versteht man unter Didaktik (Ziele), Methodik (Methoden) und Curriculum (Konzept)?

- Was heißt Didaktik?

Didaktik (didaskein) ist ein zentraler Begriff der Erziehungswissenschaft und bedeutet lehren, belehren *und* lernen, belehrt. Didaktik hat also zwei Seiten: *Lehren und Lernen*. Didaktik kann man sehr allgemein und weitgefaßt umschreiben als Theorie oder Wissenschaft eines Bildungs- bzw. Lehr-Lern-Prozesses. Dieser Prozeß enthält folgende Elemente:

- Es geht um ein *Verhältnis* zwischen einem (oder mehreren) Lehrenden bzw. Erziehenden und einem (oder mehreren) Lernenden.
- Dieses Verhältnis wird bestimmt durch *Inhalte* und *Beziehungen*.
- Inhalte werden vermittelt bzw. Beziehungen werden aufgenommen mit bestimmten Absichten, Intentionen, Zielen.

Didaktik kann somit bereits genauer definiert werden als eine Theorie oder Wissenschaft, in der es um Ziele, Inhalte und Beziehungen in einem Lehr-Lern-Verhältnis bzw. Erzieher-Lern-Verhältnis geht.
Dieses Verhältnis läßt sich in einem *didaktischen Dreieck* darstellen:

Didaktisches Dreieck

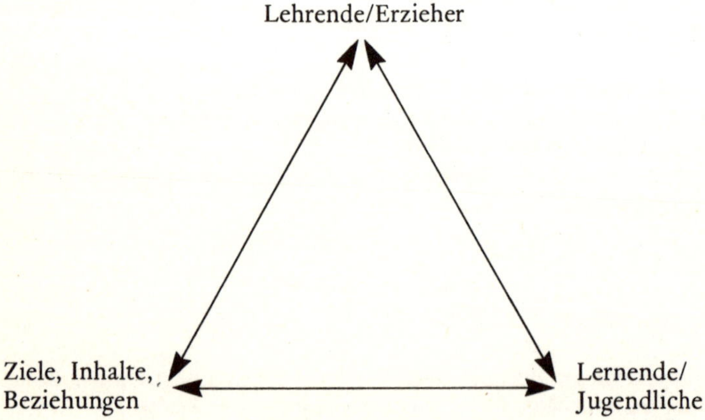

Es geht in der Didaktik um das *Was* und *Warum*. Welche Ziele und warum sollen sie angestrebt werden?
Wenn es in der Didaktik um Absichten, Intentionen, Ziele eines Lehr-Lern-Verhältnisses geht, so bedeutet das, daß sowohl der Lehrende/Erzieher wie der Lernende Ziele haben und daß sie diese in einem Interaktions- und Kommunikationsprozeß verwirklichen möchten. Die Ziele des Lehrenden sollen *Erziehungsziele* und die des Lernenden *Handlungsziele* genannt werden. Hier wird bewußt der Begriff Handlungsziele eingeführt. Damit soll angedeutet werden, daß die Lernenden nicht als Objekte oder passive Konsumenten eines festgelegten Lehrkonzeptes verstanden werden, sondern daß ihre individuellen Bedürfnisse und Interessen in den Lernvorgang eingehen und ihn maßgebend mitbestimmen. Diese Überlegung ist für die Jugendarbeit von großer Bedeutung. Besonders wenn man in der Jugendarbeit von den Bedürfnissen und Interessen Jugendlicher ausgeht, muß man die Lehrinteressen des Jugendarbeiters und die Interessen der Lernenden gleichermaßen berücksichtigen.
Zudem besagen Handlungsziele, daß es sich bei diesem Ansatz um Handlungen und Beziehungen und nicht um theoretisches Wissen und Wissensvermittlung geht. Jugendliche verhindern durch ihre Handlungsintentionen, daß Jugendarbeit zu einem theoretischen Lernfeld wird, sie stellen Jugendarbeit „vom Kopf auf die Füße". Was sie in der Jugendarbeit lernen, das soll praktisch, lebensnah umsetzbar sein. Diese Gedanken werden mit dem Begriff Handlungsziel ausgedrückt.[2]
H. Meyer schreibt zu diesem Thema in bezug auf den Schulunterricht: „Ein Handlungsziel ist die möglichst konkrete Beschreibung der Ansichten und Gründe, deretwegen sich die Schüler am Unterricht beteiligen oder die Beteiligung verweigern wollen. Es ist Ausdruck der situationsabhängigen Interessen und Bedürfnisse der Schüler und in der Regel auf ein Handlungsergebnis bezogen.
Ein Lehrziel ist die möglichst konkrete Beschreibung der Absichten, die der Lehrer im Unterricht verfolgt. Lehrziele beschreiben, welches Wissen und Können, welche Beurteilungs- und Handlungsfähigkeiten die Schüler erwerben sollen.
Die entscheidende Frage für den Lehrer lautet nun, ob und wieweit es ihm gelingen kann, zwischen seinen Lehrzielen und Hand-

---

2 *E. Kösel:* Soziale Lernziele in der Schule. Otto Maier Verlag. Ravensburg 1979, 26-31; *K. Heipcke:* Lernziele und Handlungsziele im Unterricht, in: *A. Garlichs u. a.:* Didaktik offener Curricula. Beltz Verlag. Weinheim 1974, 44-46.

lungszielen der Schüler eine Übereinstimmung herzustellen . . . Die Handlungsziele der Schüler können im Rahmen der Unterrichtsvorbereitung immer nur vorläufig formuliert werden: Der Lehrer weiß nie endgültig, ob seine Annahmen richtig waren.
Vom Lehrer wird jedoch erwartet, daß er sich mit seinen Lehrzielen identifiziert, daß er tatsächlich hinter dem steht, was er vermitteln will . . .
Während des Unterrichts muß der Lehrer also bereit sein, seine Lehrziele zu modifizieren, vielleicht sogar einen Unterrichtsschritt völlig abzublasen oder blitzschnell neue Unterrichtsschritte aufzubauen."[3] Ziele des Erziehers (Erziehungsziele) und Ziele der Lernenden (Handlungsziele) stehen jedoch nicht isoliert für sich, sondern müssen in einem Lehr-Lern-Prozeß eine Einheit bilden. Ich will die Synthese aus Erziehungszielen und den (vermuteten, hypothetisch angenommenen) Handlungszielen *Lernziele* nennen. Ein Lernziel setzt sich also aus den Zielen der am Lehr-Lern-Prozeß beteiligten Personen zusammen. Dabei ist es für den Erzieher sehr wichtig, die Handlungsziele der Lernenden möglichst gut zu kennen. Je besser er diese kennt, um so genauer kann er sein Lernziel formulieren, um so eher tritt ein Lernerfolg ein. Anders gesagt: Je weniger der Erzieher die Handlungsziele der Lernenden kennt (oder sich darum bemüht), desto geringer wird der Lernerfolg sein, desto größer werden unter Umständen auch die Enttäuschungen sein. Was vom Jugendarbeiter gefordert wird, sind Empathie und Sensibilität, aber auch Erfahrungen und eine Beobachtungsgabe. Wenn er die Handlungsziele Jugendlicher gut kennt, kann er ihnen auch am ehesten helfen.

Synthese: Lernziel

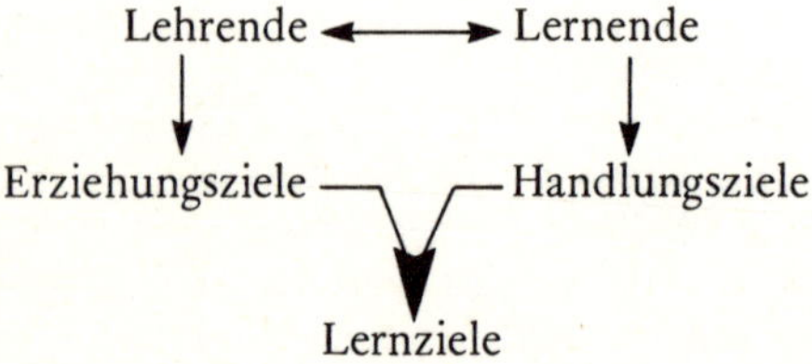

---

[3] *K. Frey (Hrsg.):* Curriculum Handbuch. Piper Verlag. München 1975, 67; *H. Meyer:* Leitfaden zur Unterrichtsvorbereitung. Scriptor Verlag. Königstein 1980, 190-226; 349.

Diese Überlegungen sagen für die Jugendarbeit aus:

1. Jeder, der im Bereich Erziehung und Bildung tätig ist, hat Ziele; er geht daher nach didaktischen Überlegungen vor.
2. Nicht nur für Lehrende/Erzieher, auch für Lernende spielen Ziele eine wichtige Rolle. Sie bringen diese in den Lernprozeß ein.
3. Für den Jugendarbeiter folgt daraus:
  – Er muß sich seiner eigenen Ziele bewußt sein (Erziehungsziele).
  – Er muß die Ziele der Lernenden, der Jugendlichen berücksichtigen (Handlungsziele).
  – Seine Zielvorstellungen sind also eine Synthese aus den Zielen beider Interaktionspartner (Lernziele).

Unter dem Aspekt des Lehrenden/Erziehenden kann man Didaktik folgendermaßen zusammenfassen: In der Didaktik geht es um das *Was* und *Warum*. Man kann sie als die *Berufswissenschaft des Erziehers* bezeichnen. Für jeden Erzieher spielen didaktische Überlegungen eine wichtige Rolle. Didaktik bestimmt das erzieherische, jugendpflegerische Handeln. Sie ist die Wissenschaft von der Planung der Lehr-Lern-Prozesse.
Da Jugendarbeit sich als eigenständige (dritte) Erziehungsinstitution versteht, muß auch das erzieherische Handeln in der Jugendarbeit didaktische Prinzipien beachten. Ein zielloses Erziehen gibt es nicht. Jeder Erzieher hat Ziele – auch „kein Ziel haben" ist ein Ziel. *Es geht also in der Didaktik der Jugendarbeit darum, daß sich der Jugendarbeiter seiner Ziele bewußt ist und entsprechend handelt.*
Das bedeutet auch, daß die Interaktions- und Kommunikationsprozesse zwischen *Partnern* erfolgen. Die Didaktik der Jugendarbeit bezieht sich vor allem auf die Erziehungsziele des Jugendarbeiters. Da er sich als Pädagoge versteht, muß er sich seines Handelns und seines Einflusses bewußt sein. Er muß die Fragen nach dem *Was* und *Warum* seines Vorgehens beantworten können. Als Pädagoge kann er nicht ziel- und planlos vorgehen. In seine didaktischen Überlegungen müssen neben seinen Zielen auch die möglichen (hypothetisch formulierten und angenommenen) Handlungsziele der Jugendlichen Eingang finden.

• Was heißt Methodik?

Das griechische Wort *methodos* bedeutet Weg, planmäßiges Verfahren zur Erreichung eines bestimmten Zieles, erfolgreicher Weg zum Ziel, eine spezifische Art und Weise, zu handeln.
Methoden sind erprobte, überlegte und übertragbare Vorgehensweisen zur Erledigung bestimmter Aufgaben. Im Begriff „Methode" ist das planmäßige Vorgehen zur Erreichung eines bestimmten Ziels enthalten. Er ist also ein Synonym für Planmäßigkeit und Folgerichtigkeit. Damit wird die Methode von folgender Struktur bestimmt:
– vom *Ziel* der Handlung
– von der *Sachlogik* der zu bewältigenden Aufgaben
– von den *Bedingungen*, unter denen die Handlungen vollzogen werden.[4]
Auch hier handelt es sich um einen wechselseitigen Lernprozeß beider Partner, die zur Erreichung ihrer Ziele Methoden einsetzen.

Synthese: Lernmethode

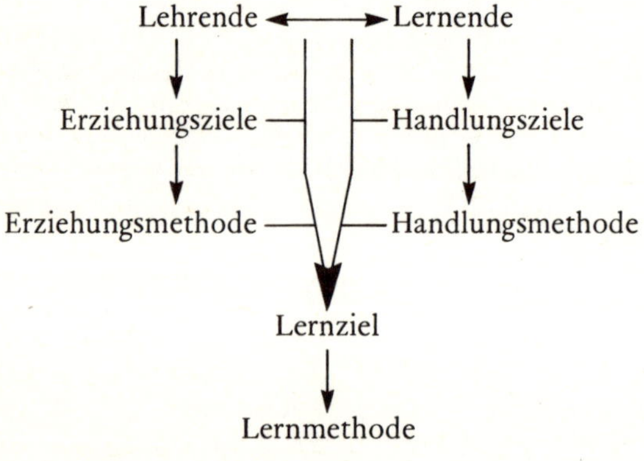

Für den Jugendarbeiter folgt daraus:
– er muß sich seiner Methoden bewußt sein (Erziehungsmethoden)
– er muß die Methoden der Jugendlichen berücksichtigen (Handlungsmethoden)

4 *L. Klingenberg:* Einführung in die Allgemeine Didaktik. Volkseigener Verlag. Berlin 1976, 278-283.

– seine Lernmethoden sind eine Synthese aus den Methoden beider Interaktionspartner (Lernmethoden).
Fassen wir die Überlegungen unter dem Aspekt der Erziehenden zusammen, kann man Methodik so umschreiben: Geht es in der Didaktik um das *Was* und *Warum*, so in der Methodik um das *Wie* und *Womit*. Ist die Didaktik die Wissenschaft vom Lehren und Lernen, so die *Methodik die Wissenschaft vom methodischen Handeln*.
Didaktik und Methodik stehen in einem sich gegenseitig bedingenden Verhältnis. Methodik ist ohne Didaktik nicht sinnvoll. Didaktik ist für die Methodik der Rahmen möglicher Handlungsfolgen und Verhaltensweisen. Zunächst müssen Ziele formuliert, dann Methoden überlegt werden. Trotz dieser logischen Reihenfolge stehen Ziel und Methode in einer Interdependenz, d. h. bestimmte Ziele können nur durch bestimmte Methoden erreicht werden und bestimmte Methoden eignen sich nur zum Erreichen bestimmter Ziele.
Methodik der Jugendarbeit besagt, daß der Jugendarbeiter sich seiner Erziehungs- und der (hypothetisch formulierten und angenommenen) Handlungsmethoden der Jugendlichen bewußt ist und diese so einsetzt, daß das jeweilige Lernziel erreicht wird.

- Was heißt Curriculum, Konzept?

Curriculum bedeutet *Lauf, Ablauf, Zeitabschnitt*. In der Erziehungswissenschaft versteht man unter Curriculum einen Lehrplan, d. h. den *Zusammenhang von Zielen, methodischem Handeln und geeigneten Materialien*. Kerngedanke eines Curriculums ist die Befähigung für das Verhalten in der Umwelt, didaktische und methodische Beschreibung und Analyse der Lebenssituation, so daß der Lernende zukünftige Lebenssituationen bewältigen kann. Das Curriculum umfaßt all die Lerngegenstände, mit deren Hilfe der Lernende diese notwendige Qualifikation erwerben kann.
Die Erziehungswissenschaft unterscheidet zwischen *geschlossenen* und *offenen* Curricula. Beim geschlossenen Curriculum ist der Handlungsspielraum des Lehrenden durch den Lehrplan sehr eingeschränkt. Das offene Curriculum läßt ihm dagegen einen größeren Spielraum für sein didaktisches Planen und Handeln.
Curriculum der Jugendarbeit bedeutet sicher nicht einen geschlossenen Lehrplan, in dem festgelegt ist, was der Jugendarbeiter im erzieherischen Bereich zu tun hat. Curriculum der Jugendarbeit ist hier als ein *offenes Konzept* verstanden. *Unter einem*

Konzept soll ein Handlungsmodell verstanden werden, in welchem Ziele, Inhalte und Methoden in einem sinnhaften Zusammenhang stehen.[5]
Ein Konzept ist ein Entwurf, in dem das angestrebte Ziel und die effektivsten Wege (Methoden) zu diesem Ziel gedanklich vorweggenommen werden.[6] In einem Konzept ordnet der Jugendarbeiter also die Ziele und Methoden so, daß sein Handeln planbar und damit bestimmbar wird. Jugendarbeit bedarf also auch eines Curriculums. In einem solchen (offenen) Curriculum bzw. Konzept geht es also um eine Zusammenfassung von Erziehungszielen, Handlungszielen und deren Umsetzung durch Methoden.

Offenes Konzept

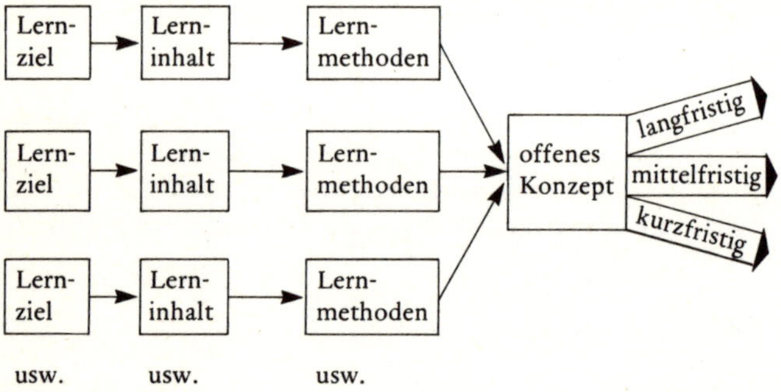

Wenn man von einem Konzept spricht (das ich hier gleichsetze mit offenem Konzept = offenes Curriculum), muß man ferner unterscheiden zwischen Konzepten auf der
– Makroebene (langfristiges Konzept)
– mittleren Ebene (mittelfristiges Konzept)
– Mikroebene (kurzfristiges Konzept).

Es läßt sich also festhalten: Da jeder Erzieher (mehrere) Ziele verfolgt, hat er eine curriculare Vorstellung, d. h. ein Konzept von dem, was er erreichen will. Dieses Konzept wird er in lang-, mittel- und kurzfristige Ziele umsetzen. Da Jugendarbeiter mit dem Wort „Curriculum" eventuell schulisches (Ver-)Planen assoziieren,

---

5 *K. Geißler/M. Hege:* Konzepte sozialpädagogischen Handelns. Urban & Schwarzenberg Verlag. München 1978, 15.

6 *H. Böttcher:* Sozialpädagogik im Überblick. Verlag Herder. Freiburg 1975, 137.

soll im Bereich der Jugendarbeit anstelle von Curriculum von *offenem Konzept* gesprochen werden. Dieses Konzept ist insofern offen, als es sich um Lernprozesse handelt, bei denen der Jugendarbeiter die Handlungsziele der Jugendlichen lediglich hypothetisch formulieren oder vermuten kann. Ein Konzept der Jugendarbeit muß flexibel, offen und situationsgerecht sein. Diese Tatsache besagt jedoch nicht, daß man auf ein Konzept verzichten kann. Dies ist besonders angesichts einer immer komplizierter und unübersichtlicher werdenden Gesellschafts- und Lebensordnung notwendig. Mangel an Planung wäre Gedankenlosigkeit und Verantwortungslosigkeit aller am Erziehungsprozeß Beteiligten. Gerade Jugendarbeit bedarf im Blick auf ihre Inhalte eines Konzeptes. Curriculare Vorstellungen sind wünschenswert, „um der Jugendarbeit schlechthin und vor allem dort, wo sie sich allenfalls als ein auf bloße Gesellung und Kommunikation gerichtetes Konsumangebot für die Freizeitgestaltung versteht, mehr pädagogische Substanz zu geben".[7]

4 Beispiele aus der Praxis

4.1 Beispiel

Ein Jugendarbeiter möchte im Jugendhaus eine Werkgruppe einrichten. In sein Konzept gehen folgende Grundfragen ein:
– Warum und mit welchen Lernzielen will ich eine Werkgruppe einrichten?
– Was soll in der Gruppe angeboten werden?
– Wie will ich methodisch vorgehen?

4.2 Beispiel

Ein Jugendarbeiter will ein Fußballturnier durchführen. In sein Konzept gehen folgende Grundfragen ein:
– Warum und mit welchen Lernzielen will ich ein Turnier durchführen?
– Wie will ich methodisch vorgehen?

---

[7] *Bundesministerium für Jugend, Familie und Gesundheit (Hrsg.)*: Mehr Chancen für die Jugend. Zu Inhalt und Begriff einer offensiven Jugendhilfe. Bonn-Bad Godesberg 1974, 176.

4.3 Beispiel

Ein Jugendarbeiter will bei einer Sitzung des Jugendwohlfahrtsausschusses einen Antrag auf finanzielle Unterstützung einer Ferienfreizeit stellen.

In sein Konzept gehen folgende Grundfragen ein:

- Warum und mit welchen Lernzielen will ich eine Ferienfreizeit durchführen?
- Warum und mit welchen Zielen beantrage ich einen Zuschuß?
- Was soll in der Freizeit angeboten werden?
- Wie will ich methodisch in der Freizeit vorgehen?
- Wie will ich methodisch in der Sitzung vorgehen?

Konkretion „Werkgruppe"

Der Jugendarbeiter möchte in einem Jugendhaus eine Werkgruppe einrichten. Er teilt dies in einer Teamsitzung mit:

A: *Ich möchte gerne mit einigen Jugendlichen eine Werkgruppe bilden. Vielleicht gelingt es, den Gammelbetrieb etwas aufzulokkern und Aktivität hereinzubringen.*
B: *Hast du schon Leute, die mitmachen?*
A: *Nein, noch nicht. Ich werde einen Aushang am schwarzen Brett anbringen. Wenn das nicht zieht, werde ich einige direkt ansprechen.*
C: *Was willst du da machen? Hast du schon Vorstellungen, wann und wie lange das laufen soll?*
A: *Ich hoffe, es wird eine feste Gruppe. Wir könnten Tonarbeiten machen. Das macht mir selbst auch am meisten Spaß.*
D: *Das sollte nicht die Frage sein, was dir Spaß macht. Ich habe bei deinem Vorschlag kein gutes Gefühl. Du ziehst dich dann für mehrere Stunden mit vielleicht nur 3 Jugendlichen in den Werkraum zurück und wir müssen während dieser Zeit den Laden schmeißen. Wir sollten hier im Team erst einmal grundsätzlich darüber sprechen, was wir eigentlich wollen. Erst dann lassen sich solche Aktivitäten einordnen.*
A: *Das stinkt mir! Es ist immer das gleiche! Versucht hier einer etwas zu machen, wird kritisiert, herumpalavert, und schließlich kommst du mit deiner Frage nach dem Konzept. So macht ihr jede Initiative kaputt.*

Versuchen wir, das Verhalten der Teilnehmer zu interpretieren.

- *Das Verhalten des Jugendarbeiters*

Sein Plan findet keine besondere Gegenliebe. Das Team greift ihn an, kritisiert ihn und nimmt ihm damit den Elan. Er empfindet das Gespräch als persönlichen Angriff, er reagiert sowohl mit Beleidigung als auch mit persönlichem Angriff.
Sein Vorhaben ist sicher lobenswert, nur hat er sich zu wenig Gedanken darüber gemacht. Er hätte sich folgende Fragen stellen müssen:
– *Warum* will ich eine Werkgruppe einrichten? *Was* sind meine Beweggründe, Motive?
– *Welche* Ziele verfolge ich mit einer Werkgruppe?
– *Wie* will ich meinen Plan, mein Konzept durchführen? *Wie* will ich konkret kurzfristig vorgehen? *Was* habe ich langfristig vor?

- *Das Verhalten der Teamer*

Sie kritisieren den Vorschlag, sie lassen sich nicht motivieren. Vielfach verlaufen Teamsitzungen nach diesem Schema. Ein einzelner sieht sich gegen eine Gruppe alleine; man diskutiert nur ablehnend, fragt aus, statt anzuregen, zu ergänzen, kreativ an dem Vorschlag zu arbeiten. Das Gespräch verläuft nicht sachlich, es wird ein persönlicher Angriff. Diese Entwicklung hat der Jugendarbeiter verursacht, insofern er sich noch keine konkreten Gedanken gemacht hat. Das Team reagierte jedoch auch nicht richtig. Die Teamer hätten das Gespräch versachlichen und wichtige didaktisch-methodische Fragen stellen müssen.
Positiv, unterstützend und kreativ hätte das Team nach dem didaktisch-methodischen Frageraster das Thema besprechen können. Das Ergebnis dieses Gespräches wäre dann etwa:
– Die Ziele eines solchen Konzeptes sind einsichtig und wichtig.
– Sie stimmen dem Vorschlag zu oder lehnen ihn aus genannten sachlichen Gründen ab.

Ist das Gespräch emotional geladen, hat es häufig wenig Sinn, weiterzudiskutieren. Zunächst steht die Beziehungsebene zur Diskussion. Anschließend kann das Thema weiter behandelt werden. Ist dies nicht möglich, sollte das Thema vertagt werden. Müssen jedoch in dieser Sitzung Entscheidungen fallen, sollte man nach der Teamsitzung mit den betreffenden Teamern sprechen.
Folgendes Vorgehen wäre in dieser Situation möglich gewesen:
– sachlich nach dem Konzept fragen

– die Anregung positiv aufgreifen und gemeinsam Ideen, ein Konzept entwickeln
– den Teamern deutlich machen, welchen Eindruck man vom Verlauf des Gesprächs hat.

4.4 Beispiel

Ein Jugendarbeiter ist als Bildungsreferent eines Jugendverbandes neu eingestellt. Von ihm wird (laut Stellenbeschreibung) erwartet: „*Aufgabengebiet:* Weiterentwicklung und Durchführung eines Konzeptes für politische Bildungsarbeit auf Diözesan- und Bundesebene. Beobachtungen und Analyse der jeweiligen politischen Entwicklung" (Bischöfliches Generalvikariat Hildesheim 8/1982).
Der Jugendarbeiter soll also wissen,
– was ein Konzept ist
– wie ein Konzept erstellt wird.
Wie geht der Jugendarbeiter vor, um sich notwendiges Wissen über die wichtigsten Elemente eines Konzeptes zu erwerben?
Ein Weg ist, sich vorliegende Konzepte von Verbänden, Kirchen, Trägern oder Einrichtungen anzuschauen. Einige Beispiele:

• *Amt für Jugendarbeit der Evangelischen Landeskirche in Baden. Konzeption Evangelischer Jugendarbeit (Gliederung):*
1. Motivation
2. Zielsetzungen
3. Diskrepanzen zwischen Theorie und Praxis
4. Mitverantwortung und Mitbestimmung
5. Stellung des ehrenamtlichen Mitarbeiters
6. Politische Komponente unserer Arbeit

• *Rahmenkonzeption zur Jugenderholung der katholischen Jugendarbeit in Nordrhein-Westfalen:*
1. Situation der Jugenderholung
2. Ziele der Jugenderholung
2.1 Ausgangsüberlegungen
2.2 Ziele der Jugenderholung
2.3 Lernziele
3. Wege zur Umsetzung der Ziele
4. Strukturen der Jugenderholung
5. Anhang (Beispiel für mittlere Lernziele und Feinziele und deren Umsetzung)

• *Gliederungshilfe für die Erstellung von einrichtungsspezifischer Konzeption, hrsg. vom Jugendamt der Stadt Düsseldorf:*

1. Voraussetzungen
1.1 Zustandekommen der Einrichtung
1.2 Entwicklung der Einrichtung
1.3 Beschreibung des Umfeldes
1.3.1 Bevölkerungsstruktur
1.3.2 Infrastruktur
1.4 Beschreibung der Einrichtung
1.5 Personelle Situation
1.6 Finanzielle Situation

2. Zielgruppe
2.1 Vorgestellte Zielgruppe
2.2 Besucherstruktur

3. Zielsetzung
3.1 Auftrag/Schwerpunkte der Arbeit
3.2 Grobziele
3.2.1 im Bereich der Freizeitgestaltung
3.2.2 im Bereich des sozialen Lernens
3.2.3 im Bereich der schulbegleitenden Unterstützung
3.2.4 im Bereich von Berufsorientierung/Berufsfindung
3.3 Feinziele
3.3.1 im Bereich der Freizeitgestaltung
3.3.2 im Bereich des sozialen Lernens
3.3.3 im Bereich der schulbegleitenden Unterstüzung
3.3.4 im Bereich von Berufsorientierung/Berufsfindung

4. Methoden
4.1 Angebotsformen
4.1.1 Fahrten und Freizeiten
4.1.2 Teiloffene Angebote
4.1.3 Offene Angebote
4.1.4 Gruppenangebote
4.1.5 Einzelarbeiten
4.1.6 Schulaufgabenhilfe
4.2 Elternarbeit
4.3 Öffentlichkeitsarbeit
4.4 Spezifische Formen der Mitbestimmung
4.5 Zusammenarbeit mit anderen Institutionen
4.6 Erzieherverhalten/Erzieherstil

5. Arbeitsorganisation
5.1 Teamarbeit

5.2 Fortbildung
5.3 Besprechungsformen
5.4 Praxiskontrolle

• *Arbeitsgemeinschaft Jugendfreizeitstätten Baden-Württemberg:* Rahmenkonzeption für Jugendfreizeitstätten in pädagogischer, personeller, organisatorischer und baulicher Hinsicht:

1. Vorüberlegungen

2. Begriffsbestimmung

3. Pädagogische Zielvorstellungen

4. Personelle Konzeption
4.1 Anforderungen an die hauptamtlichen Mitarbeiter
4.2 Ausbildungsvoraussetzungen für die hauptamtlichen Mitarbeiter
4.3 Neben- und ehrenamtliche Mitarbeiter
4.4 Personal-Mindestbedarf
4.5 Bezahlung und Arbeitsbedingungen

5. Organisatorische Konzeption
5.1 Trägerschaft
5.2 Vertrag und Satzung
5.3 Organisationsmodell

6. Bauliche Konzeption
6.1 Einzugsgebiet
6.2 Planung
6.3 Standort
6.4 Raumprogramm
6.5 Veränderbarkeit

7. Arbeitshilfen

8. Literaturhinweise

Aus diesen Beispielen wird deutlich, daß es keine einheitliche Konzeptionsstruktur gibt. Je nach Einrichtung, Träger und Funktion der Konzeption werden jeweils andere Akzente gesetzt. Im folgenden soll ein *Rahmen* für ein Konzept erarbeitet werden, d. h. es sollen Elemente erarbeitet werden, um die ein Grundkonzept (Ziele, Inhalte, Methoden) zu erweitern ist.

• *Rahmen eines Konzeptes (Vorschlag/Raster)*

1. Vorwort

2. Einleitung

3. Arbeitsplan
3.1 Problemstellung
3.2 Auftrag
3.3 Zielsetzung
3.4 Arbeitsplan
3.5 Arbeitsverlauf
3.6 Probleme, Grenzen
3.7 Hinweis auf Ergebnisse

4. Theoretische Überlegungen zum Thema
4.1 Abhandlung
4.2 Zusammenfassung

5. Situations-, Zielgruppen- und Umfeldanalyse
5.1 Situationsanalyse
5.2 Zielgruppenanalyse
5.3 Umfeldanalyse

6. Ursachen, Erklärungen, Ergebnisse

7. Ziele
7.1 Richtziele
7.2 Grobziele
7.3 Feinziele

8. Inhalt

9. Methoden

10. Personelle Situation, Arbeitsorganisation

11. Organisatorische Fragen

12. Folgerungen, Konsequenzen

13. Übersicht der Überlegungen – Zusammenfassung

Jugendarbeiter, die ein Konzept zu erstellen haben, können sich an den hier vorgestellten Konzepten und dem Rahmenkonzept orientieren. Je nach ihrer Zielvorstellung bzw. ihrem Auftrag werden sie auf das eine oder andere oder auf andere Teile verschiedener Konzepte zurückgreifen. Die Erarbeitung eines Konzeptes hängt auch von der Zeitperspektive ab. Bei einem kurzfristigen Ziel werden andere Elemente das Konzept dominieren als bei einem langfristigen Ziel.

5 Einwände und Fragen

5.1 Der graue Alltag in der Jugendarbeit

Jugendarbeit sollte zwar nach didaktischen Prinzipien gestaltet werden, doch kann man nicht ständig bewußt handeln und sich über seine Ziele klar sein. Der graue Alltag in der Jugendarbeit verläuft anders, oft ziellos.

Wenn jedes Verhalten zielgerichtet ist und der Jugendarbeiter, also der Pädagoge erzieherisch tätig sein will, dann verfolgt das erzieherische Verhalten Ziele. Wenn aber ein Plädagoge Ziele hat, ist es wichtig, sich dieser bewußt zu sein. Ein Pädagoge, der nicht über seine Ziele reflektiert, ist für Jugendliche eine Gefahr. Wenn es um Didaktik der Jugendarbeit geht, besagt dies nicht, man müsse nun bei jeder kleinen Handlung über seine Absichten reflektieren. Solches Verhalten verunsichert und macht letztlich handlungsunfähig. Vor lauter Reflektieren käme man nicht zum Handeln.
Jugendarbeit kann nur beanspruchen, eine Erziehungsinstitution zu sein, wenn sie Erziehungsziele bzw. Lernziele verfolgt. Dies ist unbestritten. Ein Ziel der Jugendarbeit ist z. B. die Emanzipation. Emanzipation verlangt planvolles Vorgehen und Handeln. Inwieweit man in der Jugendarbeit der Verwirklichung dieses Zieles nähergekommen ist, muß ständig kontrolliert werden und eventuell muß man anderen darüber Rechenschaft geben können. Emanzipation verwirklicht sich nicht in einem großen Entwurf, sondern in kleinen und kleinsten Schritten. Gerade der graue Alltag des Jugendarbeiters sollte durchsichtiger werden.
Vielfach werden neue Ideen abgelehnt mit dem Hinweis: „Das ist unmöglich. Das geht nicht. Ich habe damit schlechte Erfahrungen gemacht." Ablehnung und Begründung zeigen, daß der Jugendarbeiter sehr wohl Ziele und ein Konzept hat. Dies ist ihm vielleicht nur unklar. Um so wichtiger ist es deshalb, über die Arbeit zu reflektieren und nach seinen jeweiligen Konzepten zu fragen. Eine solch kritische Einstellung zur eigenen Arbeit eröffnet wiederum Möglichkeiten der Kreativität.

5.2 Unterschied von Lehr- und Handlungszielen

Wie unterscheiden sich Lehr-, Erziehungs- und Handlungsziele?

Ein Jugendarbeiter bietet einen Gesprächskreis an. Er will mit Jugendlichen über ihre Probleme diskutieren. Als Methode hat er sich überlegt, einen lockeren Gesprächskreis anzubieten. „Locker“ versteht er etwa so: Man soll sich im Clubraum, der gemütlich eingerichtet ist, zwanglos bei einem Glas Bier zusammensetzen und miteinander diskutieren.
Erziehungsziel: Probleme des Alltags bewußtmachen
Erziehungsmethode: Diskussion
Jugendliche nehmen an dem Gesprächskreis regen Anteil. Sie erscheinen recht zahlreich. Aber es findet keine Diskussion zwischen Jugendarbeiter und Jugendlichen statt. Die Jugendlichen trinken sehr viel Bier und pflegen Geselligkeit.
Handlungsziel: Den Clubraum benutzen und preisgünstig an Bier kommen.
Handlungsmethode: Geselligkeit pflegen
Bezieht der Jugendarbeiter bei seinem Vorhaben nicht die vermuteten Handlungsziele und -methoden Jugendlicher mit ein, wird er sein Ziel nicht erreichen, frustriert sein und schließlich den Gesprächskreis, der inzwischen zum Konsumkreis geworden ist, schließen. Deshalb ist es wichtig, Lernziele zu formulieren. Der Jugendarbeiter überlegt sich hinsichtlich seines Vorhabens, was er erreichen will und was vermutlich die Jugendlichen aus dem Angebot machen werden. Wenn er mögliche Ziele der Jugendlichen berücksichtigt, wird er u. U. sein Ziel verändern, weil ihm klar wird, daß er an den Bedürfnissen der Jugendlichen vorbeiplant. Bei diesem konkreten Beispiel bieten sich folgende Lösungen an:

1. Lernziel: Geselligkeit pflegen und das gesellige Gespräch suchen. Lernmethode: Clubraum mit Bierausschank
Kommentar: Der Jugendarbeiter erkennt das starke Bedürfnis Jugendlicher nach Geselligkeit an. Er erkennt aber auch die besondere Chance, gerade in geselliger Runde ungezwungen über Alltagsprobleme zu diskutieren. Diese Methode hält er für effektiver als offiziell einen Diskussionsabend anzubieten. Deshalb entscheidet er sich für das gesellige Gespräch im Clubraum.

2. Lernziel: Diskussion über Alltagsprobleme anbieten.
Lernmethode: Interessante und aktuelle Themen werden attraktiv angeboten, es wird kein Bier ausgeschenkt, als Raum wird ein Gruppenraum gewählt.
Kommentar: Bei dieser Entscheidung legt der Jugendarbeiter Wert auf das Interesse Jugendlicher, über ihre Probleme sprechen zu können.

Um dies zu ermöglichen, schaltet er störende Elemente aus. Deshalb wählt er für das Gespräch einen Gruppenraum, in dem auch kein Bier ausgeschenkt wird.
Vielleicht ist der Eindruck entstanden, daß es für den Jugendarbeiter sehr schwierig ist, Handlungsziele zu erkennen und daß es deshalb besser wäre, diese Überlegungen fallenzulassen und nur von Erziehungszielen zu sprechen. Der Einwand mag zunächst hilfreich erscheinen; er ist aber falsch. Ich kann mich nicht so verhalten, als hätten andere, hier die Jugendlichen, keine Ziele. Erzieher wie Jugendliche haben Bedürfnisse und Interessen. Will der Jugendarbeiter bedürfnisorientiert arbeiten, muß er beider Bedürfnisse und Interessen berücksichtigen. Ähnliches kann auch von den Zielen gesagt werden, die beide Parteien haben.

5.3 Erkennen von Handlungszielen

Wie erkenne ich die Handlungsziele Jugendlicher? Kann ich die Handlungsziele Jugendlicher überhaupt erkennen?

Handlungsziele wird der Jugendarbeiter aufgrund seiner Erfahrungen und seiner Empathie und Sensibilität formulieren können. Kennt er die Bezugsgruppe seit längerer Zeit, wird er sicher eher in der Lage sein, deren Handlungsziele zu erkennen, als jemand, der ganz neu mit einer Gruppe etwas zu tun hat. Um sich darin zu üben, ist es entscheidend, daß der Jugendarbeiter
– bewußt Lernziele formuliert
– die Aktion, das Gespräch etc. auswertet und reflektiert.
Auf diese Weise kann er sich überprüfen, inwieweit er Handlungsziele richtig vermutet hat oder inwieweit die Gruppe für ihn „unbegreiflich" ist.
Jedes Verhältnis hat eine Inhalts- und eine Beziehungsebene. Hat der Jugendarbeiter gute Beziehungen zu den Jugendlichen, wird er deren Handlungsziele eher kennen. Dies zeigt, welche Bedeutung die Beziehungsebene im pädagogischen Handeln hat. Die Schaffung einer positiven Beziehung ist Grundlage für pädagogisches und damit didaktisches Planen und Handeln.
Ein weiterer Grund, warum die Handlungsziele Jugendlicher schwer zu erkennen sind, ist, daß es sich um Pesonen und nicht um Sachen handelt. Handlungsziele ernst zu nehmen besagt, den Jugendlichen als Subjekt und nicht als Objekt zu sehen. Jeder Pädagoge muß im Grunde Probleme mit Jugendlichen haben, da sie ihm ein Stück weit immer ein Geheimnis bleiben werden. Mit

dieser „unbekannten Größe“ muß der Pädagoge umzugehen lernen.

5.4 Reihenfolge Didaktik – Methodik

Welche Reihenfolge stimmt: Didaktik-Methodik oder Methodik-Didaktik?

Didaktik stellt die Frage nach dem *Was* und *Warum*, Methodik nach dem *Wie* und *Womit*. Zuerst steht also die Frage nach dem Ziel und dann erst die Frage nach der Methode. Auch wenn sich beide wechselseitig bedingen, sind sie nicht vertauschbar.
Didaktik meint ja bereits, daß es um Ziele *und* Methoden geht. Der Begriff „Didaktik“ ist also für sich allein schon umfassend. Warum es dennoch zu dieser Doppelung *Didaktik/Methodik* kam, hängt damit zusammen, daß man bildungstheoretisch unter Didaktik im *engen* Sinne nur die Zielproblematik verstand. Die Doppelformulierung *Didaktik/Methodik* bezeichnet dagegen die ganze Breite des Problems. Die Frage nach Zielen *und* Methoden ist ein Gesamtkomplex der Didaktik.
Es ist also nicht verkehrt zu sagen: Didaktik der Jugendarbeit. Didaktik und Methodik der Jugendarbeit vermag den Inhalt aber klarer zu verdeutlichen.

5.5 Konzept und Kreativität

Verhindert ein Konzept nicht Spontaneität und Kreativität?

Vielfach wehrt man sich in der Jugendarbeit gegen curriculare Planung oder gegen ein offenes Konzept, indem man z. B. meint, daß die Ziele der Emanzipation nicht exakt formulierbar seien. Der Weg in eine bessere, menschlichere Zukunft darf nicht dem Zufall überlassen werden. Andere Sozialisationsinstitutionen wie z. B. die Massenmedien planen ihre gegen-emanzipatorischen Ziele oft mit raffinierten Mitteln.
Zudem gilt, wer mehr Übersicht, d. h. wer den besseren Plan hat, der kann im einzelnen flexibler sein und improvisiert handeln, ohne die Linie zu verlieren. Er wird berechenbarer und freier, und gewinnt dadurch Vertrauen. Ein Konzept zu haben, schließt Spontaneität und Kreativität nicht aus. Das Konzept steckt den größeren Rahmen ab, in dem Spontaneität und Kreativität erst möglich sind.
Ein Erzieher, der ohne jedes Konzept spontan sein möchte, wird

unberechenbar, da man jeden Augenblick mit neuen Überraschungen rechnen muß, die in keinem Zusammenhang stehen. Nach diesem „Konzept“ – auch das ist ein „Konzept“ – kann keine kontinuierliche pädagogische Arbeit geleistet werden.
Planung steht zwar im Gegensatz zur Improvisation und Spontaneität. Diese Spannung läßt sich jedoch auflösen, wenn eine Planung Möglichkeiten für Aktivitäten eröffnet und Freiräume zum Aktiv-Werden schafft.
Richtziele, Spontaneität und Kreativität schließen sich nicht aus, da Richtziele so allgemein sind, daß sie die *konkrete* Praxis kaum berühren.
Anders ist es bei Grob- und Feinzielen. Beispiel: Ein Jugendarbeiter hat für ein Treffen mit Jugendlichen das Grobziel: Die Jugendlichen sollen an dem Abend lernen, sich mit dem Thema „Arbeitslosigkeit“ auseinanderzusetzen. Zu diesem Grobziel formuliert er Feinziele. Je nach dem wie nun das Gespräch verläuft, wird er einige seiner Feinziele unberücksichtigt lassen, weil die Teilnehmer z. B. an einem Punkt des Themas derart intensiv diskutieren, daß er das Gespräch unmöglich abbrechen oder umleiten kann. Obwohl der Jugendarbeiter einige der Feinziele nicht realisieren konnte, war er dennoch mit seinem Grobziel erfolgreich.
Ein anderes Beispiel: Ein Jugendarbeiter möchte mit Jugendlichen eine Diskussion führen (Grobziel). Als er zu dem vereinbarten Treffpunkt kommt, stehen die Jugendlichen mit einem Fußball unter dem Arm da und möchten lieber Fußball spielen. Was kann der Jugendarbeiter tun? Mehrere Möglichkeiten fallen ihm ein:

– Er kann sein Ziel für so dringend notwendig halten, daß er auf dem vereinbarten Gespräch beharrt.
– er kann auf das Bedürfnis der Jugendlichen eingehen und sein Konzept zurückstellen
– er kann einen Kompromiß schließen: z. B. zuerst das Gespräch, dann Fußball.

Im ersten und dritten Fall würde er sein Grobziel erreichen, bei der zweiten Möglichkeit stellt er sein Ziel zurück, aber nur vorläufig. Dies ist ein Beispiel für ein offenes Konzept. Hier sind Lernziele formuliert (Lehr- und Handlungsziele, wobei bei der zweiten Möglichkeit der Jugendarbeiter die Handlungsziele der Jugendlichen nicht richtig eingeschätzt hat), die den Gesamtrahmen abstecken, was der Jugendarbeiter und die Jugendlichen unternehmen wollen. Dieser Rahmen ist insofern offen, daß für spontane

Entschlüsse unbedingt Raum gelassen wird, ja diese sogar gewünscht sind.
Auch die Persönlichkeit des Jugendarbeiters steht dabei zur Diskussion. Ein ängstlicher Jugendarbeiter oder einer, der neu die Stelle antritt, wird nach einem Konzept suchen, um Halt und Sicherheit zu finden. Ein weniger ängstlicher Mitarbeiter kann auf diese Funktion eines Konzeptes eher verzichten, was allerdings nicht bedeuten soll, daß er kein Konzept bräuchte.

5.6 Probleme mit der Zielformulierung

Sind Ziele immer notwendig?

Jeder Träger, jeder Jugendarbeiter und Jugendliche verfolgt Ziele. Wenn man dem zustimmt, wird man sicher sagen müssen, daß zwischen diesen drei Personenkreisen unter Umständen hinsichtlich ihrer Ziele Unterschiede bestehen, so daß es zu Konflikten kommt. Um diese rational zu verarbeiten, muß bei allen Beteiligten Klarheit über ihre Ziele bestehen, sonst kann dieser Konflikt nicht gelöst werden. Also auch hier wiederum: Man muß sich über die Ziele seiner Arbeit im klaren sein.

5.7 Offenes Konzept – eine Doppelung

Bedeutet „offenes Konzept“ nicht eine Doppelung?

Wenn man sagt, das Konzept solle offen, flexibel, situationsbedingt sein, dann spricht man eigentlich von Selbstverständlichkeiten. Aufgrund der angenommenen Handlungsziele ist jedes Konzept der Jugendarbeit eo ipso ein offenes. Man könnte also ebenso gut nur von einem Konzept sprechen. Der Zusatz „offen“ ist lediglich eine Hilfskonstruktion für jene, die sich zunächst dagegen sträuben, daß Jugendarbeit nach Konzepten arbeitet.

6 Lernkontrolle

- *Sie sollten in bezug auf Didaktik gelernt haben*

1. Was heißt Didaktik wörtlich?

2. Welches sind die drei Elemente einer Theorie der Didaktik?
3. Was sind Lehr-/Erziehungsziele, Handlungsziele, Lernziele?
4. Was ist ein didaktisches Dreieck?
5. Wie definiert man Didaktik?
6. Warum ist eine Didaktik der Jugendarbeit notwendig?

• *Sie sollten in bezug auf Methodik gelernt haben*
1. Was heißt Methodik wörtlich?
2. Was sind Erziehungsmethoden, Handlungsmethoden, Lernmethoden?
3. Wie definiert man Methodik?
4. Wie ist das Verhältnis von Didaktik und Methodik?
5. Warum heißt es Didaktik/Methodik und nicht umgekehrt?

• *Sie sollten in bezug auf Curriculum, offenes Konzept gelernt haben*
1. Was heißt Curriculum wörtlich?
2. Wie definiert man Curriculum?
3. Was ist ein offenes Curriculum?
4. Warum spricht man in der Jugendarbeit von einem offenen Konzept?
5. Warum arbeitet jeder Jugendarbeiter nach einem Konzept?

• *Sie sollten die nachstehenden Einwände entkräften können*
1. Man kann in der Jugendarbeit nicht ständig bewußt handeln und sich seiner Ziele gegenwärtig sein. Der graue Alltag verläuft ziellos.
2. Die Handlungsziele Jugendlicher kann man gar nicht oder nur schwer erkennen.
3. Ein Konzept verhindert Spontaneität und Kreativität.
4. Die Formulierung „offenes Konzept" ist eine Doppelung.

7 Literatur

• *Didaktik*

Blankertz, H.: Theorien und Modelle der Didaktik. Juventa Verlag. München [10] 1977.
Born, W./Otto, G. (Hrsg.): Didaktische Trends. Urban & Schwarzenberg Verlag. München 1978.
Borsum, W. u. a.: Einführung in die Didaktik. Urban & Schwarzenberg Verlag. München 1982.

Peterßen, W. H.: Gegenwärtige Didaktik. Otto Maier Verlag. Ravensburg 1979.
Winkel, R. u. a. (Hrsg.): Didaktische Theorien. Westermann Verlag. Braunschweig 1981.
• *Methodik*
Klingenberg, L.: Einführung in die Allgemeine Didaktik. Volkseigener Verlag. (Ost)Berlin 1976.
Schulze, T.: Methoden und Medien der Erziehung. Juventa Verlag. München 1978.
• *Curriculum, Konzept*
Becker, H. u. a.: Das Curriculum. Juventa Verlag. München 1977.
Frey, K. u. a. (Hrsg.): Curriculum Handbuch. Piper Verlag. München 1975.
Geißler, K. A./Hege, M.: Konzepte sozialpädagogischen Handelns. Urban & Schwarzenberg Verlag. München 1978.
• *Didaktik/Methodik*
Belardi, N. (Hrsg.): Didaktik und Methodik sozialer Arbeit. Moritz Diesterweg Verlag. Frankfurt 1980.
Weinschenk, R.: Didaktik und Methodik für Sozialpädagogik. Klinkhardt Verlag. Bad Heilbrunn 1976.

2 Theoretische Modelle

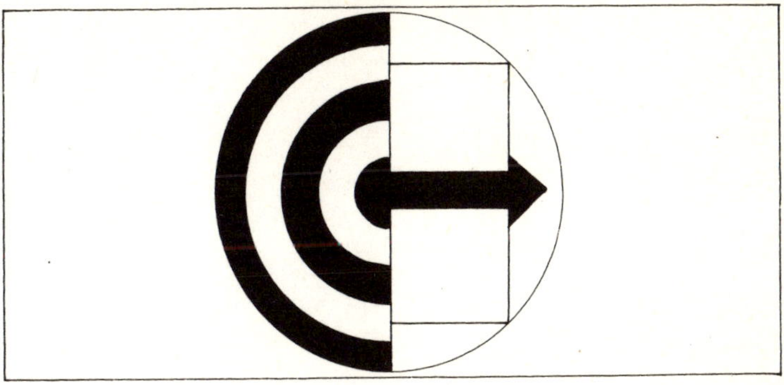

Ziele
Situation
Theorie
Modell
Beispiele aus der Praxis
Einwände und Fragen
Lernkontrolle
Literatur

1 Ziele

1.1 Grobziel

Die Begriffe *Theorie, Modell* und verschiedene theoretische Modelle von Jugendarbeit kennenlernen.

1.2 Feinziele

- Eine Theorie ersten, zweiten und dritten Grades kennenlernen.
- Die Bedeutung und Funktion einer Theorie erkennen.
- Den Unterschied zwischen Theorie und Modell erkennen und begründen können, warum es keine Theorie der Jugendarbeit gibt.
- Theoretische Modelle von Jugendarbeit kennenlernen:
  - sozialintegratives Modell
  - progressives Modell
  - antikapitalistisches Modell
  - emanzipatorisches Modell
  - bedürfnisorientiertes Modell
- Einwände gegen das Dargestellte entkräften können.
- Zum Thema relevante Literatur kennen.

2 Situation

2.1 Beispiel

An drei Beispielen möchte ich nun aufzeigen, welche unterschiedlichen Einstellungen zur Theorie Jugendarbeiter haben können.

A: *Theorie bedeutet für mich: Ich bekomme Anregungen und Hilfen für meine Praxis. Ich habe gar keine Zeit, mich so zu informieren, daß ich für die in meiner Praxis auftretenden Probleme eine theoretische Antwort weiß, bzw. sie in einem größeren theoretischen Zusammenhang sehen kann. Die Theoretiker haben ja nichts anderes zu tun, als darüber nachzudenken.*
B: *Theorie ist, wenn es stimmt, aber nicht geht; Praxis ist, wenn es nicht stimmt, aber geht. Damit will ich sagen: Theorie ist für mich Schreibtischwissen und hat mit Praxis nichts zu tun. Deshalb brauche ich auch keine Theorie für meine konkrete Praxis.*

Ich brauche sie nicht, weil sie mir erstens nicht hilft – Theorien sind viel zu abstrakt und allgemein –, zweitens weil ich mir eigene Überlegungen gemacht habe. Aufgrund meiner Erfahrungen in der Jugendarbeit habe ich mir Regeln erarbeitet, mit denen ich leben kann. Jede Auseinandersetzung mit Theorien halte ich für Zeitverschwendung.

C: *Ich halte das Gerede über Theorien für sehr gefährlich. Sind das nicht Fluchtmechanismen? Wenn ich in der Praxis nicht weiterkomme, finde ich bestimmt eine Theorie, die mich entschuldigt. Eine Theorie hat mir noch nie geholfen, zu Jugendlichen einen guten Kontakt herzustellen. Dafür braucht man etwas ganz anderes. Ich möchte es Charisma oder Persönlichkeit nennen. Entweder man hat das Naturell, mit Jugendlichen umzugehen, oder man hat es nicht. Da helfen auch keine Theorien.*

2.2 Fragen

Versuchen Sie nun folgende Fragen zu beantworten:

1. *Jede der drei Einstellungen hat einen anderen Bezug zur Theorie. Wie würden Sie die drei Einstellungen charakterisieren?*
2. *Welche dieser drei Einstellungen würden Sie vertreten?*
3. *Was verstehen Sie persönlich unter einer Theorie?*
4. *Kennen Sie noch andere Einstellungen zur Theorie?*

2.3 Interpretation des Beispiels

Man darf Praktikern der Jugendarbeit nicht generell Theoriefeindlichkeit unterstellen. Eher kann man von einer Theorieskepsis sprechen. Viele theoretische Ansätze für Jugendarbeit sind zu allgemein und abstrakt formuliert, als daß eine Umsetzung in die Praxis möglich wäre, z. T. wird dies auch von den Verfassern nicht gewünscht. Des weiteren schreckt der komplizierte Sprachstil den Praktiker vielfach davon ab, sich mit Theorien auseinanderzusetzen. Ein Beispiel dafür liefert *H. L. Zetterberg*: „Wenn x von X1 zu X2 sich verändert und X2 = X1 + Δx ist, dann (und nur dann) ändert sich y von Y1 zu Y1 + Δy; ferner: Wenn y von Y1 zu Y2 sich verändert und Y2 = Y1 + Δy ist, dann (und nur dann) ändert sich x von X2 zu X2 + Δx usw."[8]

---

[8] *H. L. Zetterberg:* Theorie, Forschung und Praxis in der Soziologie, in:

Wenn Theoretiker sich in einer solchen Sprache verständlich machen wollen, kann ich die ablehnende Haltung der Praktiker verstehen.

An Wissenschaftler ist die Forderung zu stellen:

1. Theorien sollen in einer verständlichen Sprache abgefaßt werden.
2. Wissenschaftler sollen Probleme aus der Praxis aufgreifen und diskutieren.
3. Wissenschaftler sollten die Praxis kennen und mit den Praktikern Kontakt pflegen.

Die Einstellung der Praktiker dagegen ist zu einseitig.

• Die Einstellung des ersten Jugendarbeiters kann man mit dem Stichwort *Theorie als Rezeptologie* umschreiben. Theorien werden als Werkzeuge oder Instrumente verstanden. Liefern sie diese nicht, lehnt man sie als zu theoretisch ab. Hierzu ist zu sagen: Theorien können, wollen und dürfen keine Rezepte für die Praxis liefern. Eine Theorie muß einen höheren Generalisationsgrad haben als eine konkrete Praxissituation. Über einen größeren Zusammenhang für unterschiedliche Situationen will eine Theorie Erklärungen geben. Ihr Vorgehen ist darum folgendermaßen:

1. Der Wissenschaftler wählt konkrete Praxissituationen aus und versucht sie in einen größeren Orientierungszusammenhang zu stellen.
2. Seine Ergebnisse formuliert er so, daß sie unabhängig von den konkreten Situationen auch für andere Situationen Geltung haben.
3. Vom Praktiker erwartet er, daß dieser die allgemeinen Aussagen wiederum auf seine konkrete Situation überträgt.

Theorie und Praxis

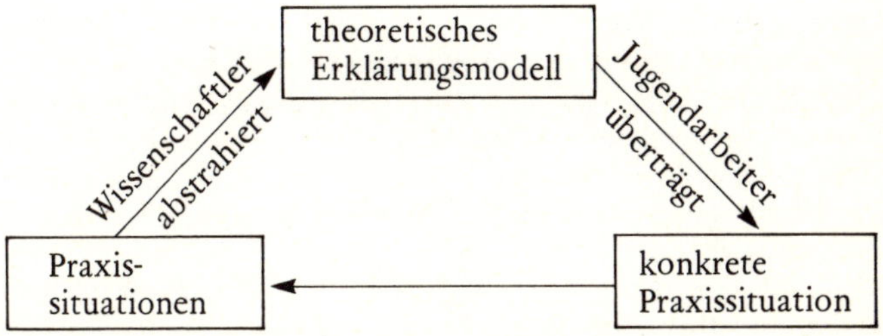

R. König (Hrsg.): Handbuch der empirischen Sozialforschung. Bd. 1. Enke Verlag. Stuttgart 1967, 83.

Man muß also die erste Einstellung korrigieren. Dieser Jugendarbeiter wird stets von Theorien enttäuscht werden, weil sie ihm für seine konkrete Praxis keine Rezepte liefern können. Festzuhalten ist:

1. Theorien geben keine konkrete Antwort auf Hier-und-jetzt-Probleme.
2. Ohne kreative Mitarbeit des Praktikers ist eine Theorie sinnlos.

• Die Einstellung des zweiten Jugendarbeiters zur Theorie kann man als *Praktizismus* bezeichnen. Der Jugendarbeiter geht ganz in seiner Praxis auf. Seiner Haltung ist jedoch entgegenzuhalten: Die eigenen Regeln, mit denen er in seiner Praxis umgeht, enthalten sicher auch einiges Wissen, das er Büchern entnommen und einiges, das er aus seinem Studium behalten hat. D. h. also, sein Verhalten richtet sich nach Alltagserfahrungen und Theoriebruchstücken. Ganz ohne Theorie arbeitet er nicht, nur ist ihm dies vielleicht nicht bewußt. Indem er die Theorie dem Bereich der reinen Wissenschaft zuordnet, kann er sich als Praktiker ohne Theorie bezeichnen. Dies gelingt jedoch nur durch die Anordnung dieser extremen Position. Dieser Jugendarbeiter hat insofern auch eine falsche Vorstellung von einer Theorie, da er konkrete Anregungen erwartet. Hier gilt, was bereits zur ersten Einstellung gesagt wurde.

Versteht man Jugendarbeit als ein vor den Jugendlichen und der Gesellschaft verantwortliches Handeln, als Hilfe zur Erfüllung der Gegenwart des Jugendlichen und als Hilfe zur Bewährung in seiner Zukunft, so ist Jugendarbeit ohne wissenschaftliche Theorie nicht möglich. Von einer wissenschaftlichen Theorie kann sich daher kein Jugendarbeiter dispensieren, zumal er ja sowieso – unbewußt – mit Theorien umgeht, nach denen er handelt. Es ist der zweiten Einstellung ferner entgegenzuhalten, daß sie sich lediglich auf Gewohnheiten und Erfahrungen beruft, ohne selbstkritisch die eigene Praxis zu reflektieren. Zum Prüfen und zum Verbessern der Praxis bedarf man einer Theorie.

Dem Jugendarbeiter läßt sich mit *J. F. Herbart* entgegenhalten, was dieser Lehrern seiner Zeit bereits erwiderte: „Ein neunzigjähriger Dorfschulmeister hat die Erfahrung seines neunzigjährigen Schlendrians; er hat das Gefühl seiner langen Mühe, aber hat er auch die Kritik seiner Leistungen und seiner Methode?"

• Kommen wir zur dritten Einstellung. Das Argument zeigt die *Ideologie* des Jugendarbeiters. Es ist ganz sicher nichts gegen die

These einzuwenden, für einen pädagogischen Beruf sei eine gewisse Begabung wünschenswert. Allerdings ist dies nicht Voraussetzung für einen pädagogischen Beruf. Der pädagogische Berufsstand basiert heute nicht mehr auf Berufung sondern auf Lernen. Man mag diese Tatsache bedauern oder nicht, dies ändert nichts an der konkreten Situation.
Man muß davon ausgehen, daß Jugendarbeiter professionelle Pädagogen sind. In unserer Gesellschaft gibt es zu wenig „berufene" Pädagogen. Würde man von diesen Pädagogen in der Praxis erwarten, Charisma zu besitzen, wäre ein großer Teil von ihnen überfordert. Deshalb ist es sinnvoll, den Beruf eines Jugendarbeiters als einen modernen Dienstleistungsberuf zu sehen. Diese nüchterne Sicht ermöglicht, daß man sein pädagogisches Selbstverständnis nicht ideologisiert. Ein Pädagoge, der sich mit seinem Beruf völlig identifiziert, läuft Gefahr, kritische Distanz zu sich selbst, zu seiner Arbeit und zu den Jugendlichen zu verlieren.
Des weiteren verhindert möglicherweise ein Jugendarbeiter, wenn er als Persönlichkeit zu sehr dominiert, daß Jugendliche das Ziel: Emanzipation, Selbständigkeit, Autonomie etc. erreichen. Jugendliche werden dann von der Persönlichkeit „erdrückt" und können sich selbst nicht entfalten.
Für einen professionellen Pädagogen sollte eine gründliche wissenschaftliche Ausbildung und eine regelmäßige Fortbildung selbstverständlich sein. Dadurch gewinnt der Jugendarbeiter genügend kritische Distanz zu seiner Arbeit, aus der heraus er in der Lage ist, sich für Jugendliche zu engagieren. Wenn man diese Forderung akzeptiert, wird man auch Theorien nicht mehr skeptisch gegenüberstehen.

3 Was ist eine Theorie?

Der Begriff *Theorie* kommt aus dem Griechischen *theoria* und besagt soviel wie Betrachtung, Anschauung; übertragen: wissenschaftliche Erklärung.
Man kann Theorie ganz allgemein umschreiben als ein System logisch miteinander verknüpfter Aussagen, die aufgrund von Beobachtungen, Erfahrungen oder Forschungsergebnissen gemacht wurden zur Erklärung und Vorhersage von Tatbeständen bzw. von Wirklichkeit.
In der Pädagogik gibt es keine eindeutige und festgelegte Theorie. Vielmehr kann man verschiedene, oft widersprechende Theorie-

vorstellungen erkennen. *Erich Weniger* versucht die unterschiedlichen Vorstellungen von Theorie dadurch zu systematisieren, daß er von Theorien ersten, zweiten und dritten Grades spricht.[9] Es soll hier seine Aufteilung übernommen werden.

- Theorie ersten Grades: *Alltagswissen*

Jedes menschliche Handeln gründet auf bestimmte Grundannahmen. Überlegtes Handeln in der Praxis ist bestimmt durch eine Einschätzung der jeweiligen Situation, die eine zusammenfassende Beurteilung von Einzelerfahrungen darstellt. Jeder pädagogischen Praxis liegen damit Elemente von Theorien zugrunde, auch wenn der Jugendarbeiter sich dessen nicht bewußt ist. Hierzu gehören z. B. Ratschläge, Konventionen, Sprichwörter, Erfahrungen, Vorstellungen, die bei jedem unausgesprochen und unreflektiert vorhanden sind. Man kann also festhalten, daß jeder Jugendarbeiter eine Theorie ersten Grades besitzt. Auch der Jugendarbeiter, der Theorien ablehnt, besitzt eine solche, da er seine Ablehnung begründen, also theoretisieren muß. Man könnte hier das Argument von *I. Kant* anführen: „Es kann also niemand sich für praktisch bewandert in seiner Wissenschaft ausgeben und doch die Theorie verachten, ohne sich bloß zu geben, daß er in seinem Fache ein Ignorant sei: indem er glaubt, durch Herumtappen in Versuchen und Erfahrungen, ohne sich gewisse Prinzipien (die eigentlich das ausmachen, was man Theorie nennt) zu sammeln und ohne sich ein Ganzes (welches, wenn dabei methodisch verfahren wird, System heißt) über sein Geschäft gedacht zu haben, weiter kommen könnte, als ihn die Theorie zu bringen vermag."[10]

- Theorie zweiten Grades: *Mischform*

Es ist unmöglich, daß Pädagogen z. B. ihre ganze Ausbildung ignorieren und nicht bestimmte Erkenntnisse, Lehrsätze, Theoriestücke in ihrer Praxis anwenden. Somit kann man die pädagogische Praxis als ein Mischprodukt aus ausdrücklichen und unausdrücklichen theoretischen Voraussetzungen, Meinungen, Normen bezeichnen.[11] Dies besagt für den Jugendarbeiter, daß er gleich-

---

9 *E. Weniger:* Die Eigenständigkeit der Erziehung in Theorie und Praxis. Beltz Verlag. Weinheim 1952.

10 *I. Kant/F. Gentz/A. W. Rehberg:* Über Theorie und Praxis. Suhrkamp Verlag. Frankfurt 1967, 42.

11 *W. Klafki u. a.:* Erziehungswissenschaft. Funk-Kolleg. Band 3. Fischer Verlag. Frankfurt 1971, 177.

falls immer auch eine Theorie zweiten Grades besitzt und danach seine Praxis erklärt und strukturiert.

- Theorie dritten Grades: *wissenschaftliche Theorie*

Sie ergibt sich aus den Theorien ersten und zweiten Grades. Sie ist die systematische Fortführung der in der Praxis angelegten Theorie. Damit ist die Theorie dritten Grades als Aufklärung der Praxis über sich selbst zu verstehen. Vielfach wird von Praktikern diese Art von Theorie gemeint, wenn sie sich diesbezüglich kritisch oder ablehnend verhalten oder gar meinen, ohne Theorien arbeiten zu können.

Im folgenden soll nun die Bedeutung einer Theorie dritten Grades (hier kurz Theorie genannt) für die Praxis dargestellt werden. Aufgabe einer Theorie ist es, einen Orientierungszusammenhang, Denk- und Informationsmodelle zu erarbeiten, die dem Praktiker helfen, die Folgen seiner Handlungen und Entscheidungen, d. h. seines pädagogischen Tuns, besser einzuschätzen bzw. zu reflektieren. Damit erhält die Theorie die Funktion einer nützlichen Verunsicherung des Praktikers. Nicht Bestätigung und Beruhigung ist ihr Ziel, sondern Beunruhigung und Anregung zur kritischen Überprüfung. Für diesen Zweck sind pädagogische Theorien auch „konkrete Utopien". Damit geht es der Theorie um die Verbesserung der Praxis, die zwar noch nicht da ist, die aber für möglich und realisierbar gehalten wird. Wenn der Theorie diese Aufgabe zukommt, sind ihre Aussagen notwendigerweise allgemein, d. h. abstrakt gehalten. Den Aussagen der Theorie kommt dabei nur ein mittelbarer Gebrauchswert für die Praxis der Jugendarbeit zu. Sollen sie praxisrelevant werden, müssen sie vom Praktiker auf die jeweils konkrete Situation zugeschnitten werden. Ohne die eigene Leistung und das kreative Verhalten des Praktikers verliert jede Theorie ihren Nutzwert. Dies zeigt, daß der Wissenschaftler und der Praktiker zusammenarbeiten müssen. Eine Theorie, die nicht aus der Kenntnis der Praxis heraus entstanden ist, bleibt Spekulation. Aber auch eine Theorie ohne kreativen Praktiker ist wirkungslos. Beides gehört zusammen. Vielfach kennen Wissenschaftler die Praxis viel zu wenig bzw. sie engagieren sich dort zu wenig. Aber auch den Praktikern ist vorzuhalten, daß sie zu schnell Theorien ablehnen, ohne sie für die Praxis zu prüfen.

Zusammenfassend kann man sagen: Jugendarbeit ohne Theorie ist blind. Sie allein öffnet den Blick für die Praxis. Oder: Theorie ist die Brille, durch die der Praktiker – der vielfach in seiner Praxis zu sehr eingebunden ist, als daß er über seinen Brillenrand seine eigene Praxis betrachten könnte – in der Lage ist, aus seiner Gewohnheit herauszukommen und sich zu ändern. Damit werden zwei Aspekte der Theorie aufgezeigt:

- Instrumentaler Aspekt: Hilfe der Theorie bei der Bewältigung der konkreten Praxis
- kritischer Aspekt: Hilfe der Theorie zu einer kritischen Distanz zur eigenen Praxis

Herbart bezeichnet die Theorie nicht nur als eine Brille, sondern als ein Auge, „und zwar für das beste Auge, das Menschen haben, um ihre Angelegenheiten zu betrachten".

4 Was ist ein Modell?

Eine Theorie *der* Jugendarbeit gibt es nicht, auch nicht Theorien der Jugendarbeit. Zur Bildung einer allgemeinen Theorie sind folgende Merkmale notwendig:

- Relativer Konsens über einen eindeutig abgrenzbaren und begrifflich erfaßten sozialen Strukturbereich mit einer Reihe definierter Probleme
- Vorliegen von genügend Forschungen, die zumindest in Teilen einen gemeinsamen analytischen Bezugsrahmen erkennen lassen
- Die theoretischen Bemühungen haben einen wissenschaftlichen Konsens ermöglicht.

Diese Voraussetzungen sind in bezug auf eine Theorie von Jugendarbeit noch in keinster Weise gegeben. Deshalb kann man auch nicht von Theorien (oder einer Theorie) der Jugendarbeit sprechen. Man befindet sich vielmehr am Beginn der Sammlung von Theorieelementen. Folglich sollte man eher von *theoretischen Modellen* der Jugendarbeit reden. Ein Modell ist eine Hilfskonstruktion zur Bildung von Theorien. „Sie kommen dadurch zustande, daß für wichtig gehaltene und für bestimmte Problemstellungen relevant erachtete Größen und deren Beziehung untereinander in einen logischen Zusammenhang gebracht werden. Sie haben deshalb die Funktion einer vorläufigen Ordnung eines bestimmten Ausschnitts der sozialen Wirklichkeit; sie erlauben das Durchspielen verschiedener gedanklicher Konsequenzen, je nachdem, welche Variablen eingeführt werden. Sie zeigen, zu welchen gedanklichen Konsequenzen bestimmte Variablen führen.

Im ganzen werden hier also Modelle verstanden als Schemata und gedankliche Konstruktionen, die als solche keine Aussagen über die soziale Wirklichkeit machen, sondern lediglich der Vorbereitung bzw. der gedanklichen Klärung, d. h. der Erschließung aller Implikationen möglicher Denkansätze über die Wirklichkeiten dienen."[12]

Wir halten fest:

- Zur Bildung einer Theorie ist die Erfüllung wichtiger Kriterien notwendig.
- Die wissenschaftliche Forschung zur Jugendkunde erfüllt diese Voraussetzungen keineswegs.
- Deshalb bietet es sich an, von Theorieelementen, d. h. theoretischen Modellen der Jugendarbeit zu sprechen.

4.1 Theoretische Modelle von Jugendarbeit

Für die dritte Erziehungsinstitution Jugendarbeit wurden verschiedene theoretische Modelle entwickelt. Es sei an dieser Stelle besonders erwähnt, daß jeder Jugendarbeiter mehr oder weniger dem einen oder dem anderen Modell den Vorzug gibt und von dort die Ziele seiner Arbeit ableitet.

Im folgenden sollen die theoretischen Modelle genannt und Literaturhinweise angeführt werden, so daß sich der interessierte Leser dort informieren kann.

- *Sozial-integratives Modell*

Da diesen Ansatz offiziell niemand vertritt – in der Praxis dagegen gibt es ihn auch heute noch –, kann hier auch keine Literatur angegeben werden. Ich verweise auf die nachfolgenden Praxisbeispiele.

- *Progressives Modell*

Literatur

C. W. Müller u. a.: Was ist Jugendarbeit? Vier Versuche einer Theorie. Juventa Verlag. München 1964; *P. Pott:* Progressive, emanzipatorische und antikapitalistische Jugendarbeit, in: deutsche jugend 12/1971, 555-570; *U. Lüers u. a. (Hrsg.):* Selbsterfahrung und Klassenlage. Juventa Verlag. München 1971; *D. Baacke:* Jugend und Subkultur. Juventa Verlag. München 1972.

---

12 *W. Hornstein:* Aspekte und Dimensionen erziehungswissenschaftlicher Theorien zum Jugendalter, in: *F. Neidhardt:* Jugend im Spektrum der Wissenschaften. Juventa Verlag. München 1970, 153.

• *Antikapitalistisches Modell*

Literatur
M. Liebel/H. Lessing: Jugend in der Klassengesellschaft. Juventa Verlag. München 1974; *H. Lessing:* Jugendpflege oder Selbständigkeit. Europäische Verlagsanstalt. Frankfurt 1976.

• *Emanzipatorisches Modell*

Literatur
H. Giesecke: Die Jugendarbeit. Juventa Verlag. München 1971, [5]1980, völlig neu überarbeitete Ausgabe; *N. Belardi:* Erfahrungsbezogene Jugendbildungsarbeit. Achenbach Verlag. Lollar/Gießen 1975; *B. Bierhoff:* Theorie der Jugendarbeit. Achenbach Verlag, Gießen/Lollar 1974; *U. Sielert:* Emanzipatorische Jugendarbeit. Schindele Verlag. Rheinstetten 1976; *J. Fritz:* Gruppendynamik und Jugendarbeit. Juventa Verlag. München 1973.

• *Bedürfnisorientiertes Modell*

Literatur
D. Damm: Politische Jugendarbeit. Juventa Verlag. München 1975; *D. Damm:* Die Praxis bedürfnisorientierter Jugendarbeit. Juventa Verlag. München 1980; *D. Damm:* Wenn der Alltag zur Sprache kommt. Juventa Verlag. München 1981; *H. Kollan:* Bedürfnisorientierte Jugendarbeit. Campus Verlag. Frankfurt 1980; *H.-J. Gehrmann:* Bedürfnisorientierungen und Freizeitverhalten Jugendlicher. Beltz Verlag. Weinheim 1979; *K. Möller:* Politische Jugendarbeit als bedürfnisorientierte Freizeiterziehung. Pahl-Rugenstein Verlag. Köln 1981; *J. Schilling:* Kirchliche Jugendarbeit in der Gemeinde. Kösel-Verlag. München 1979; *J. Schilling:* Jugendclub. Kösel-Verlag. München 1982.

Diese fünf theoretischen Ansätze lassen sich auch unter folgendem Gesichtspunkt zusammenfassen:
– konservativ-traditionelles oder systemkonformes Modell
– liberal-progressives oder systemreformierendes Modell (emanzipatorisches und bedürfnisorientiertes Modell)
– antikapitalistisches oder systemüberwindendes Modell[13]
Bei diesen theoretischen Modellen geht es vor allem um die Frage nach der Bedeutung der Gesellschaft und der Funktion des ein-

---

[13] *U. Sielert:* Die Mitarbeiter in den Jugendverbänden. Eine Situationsanalyse. Juventa Verlag. München 1978, 79.

zelnen in ihr. Beim sozial integrativen und progressiven Ansatz wird die Gesellschaft mehr oder weniger gar nicht in Frage gestellt. Sie ist als freiheitlich demokratische Gesellschaft grundsätzlich zu bejahen. Verbesserungen sind zwar notwendig, das Ganze wird jedoch nicht kritisiert.
Der Antikapitalistische Ansatz dagegen bezeichnet diese Gesellschaft als eine Entfremdung des Menschen und will sie mit dem Ziel bekämpfen, eine neue, andere Gesellschaft zu schaffen.
Im emanzipatorischen Ansatz wird versucht, eine Synthese zwischen Anpassung an die Gesellschaft und Abschaffung dieser Gesellschaft zu erreichen. Emanzipation versteht man als pädagogischen und politischen Prozeß.
Ähnlich lautet auch die Lösung des bedürfnisorientierten Ansatzes, der im Bedürfnis des einzelnen ein Bestreben nach Veränderung der Gesellschaft erkennt.
Für den Jugendarbeiter stellt sich im Zusammenhang mit theoretischen Modellen die Frage nach seinem Gesellschafts- und Menschenbild. Ohne eine Antwort hierauf zu geben, kann er nicht arbeiten, denn schließlich leitet er vom Gesellschafts- und Menschenbild seine Erziehungsziele ab. Ich kann an dieser Stelle auch deshalb auf weitere Ausführungen zu diesem Thema verzichten, weil es hier nicht möglich ist, ein allgemein verbindliches Gesellschafts- und Menschenbild zu entwerfen. Dies ist Aufgabe eines jeden Erziehers.

5 Beispiele aus der Praxis

Die folgenden Beispiele sollen belegen, daß auch heute noch in vielen Bereichen der Jugendarbeit nach dem sozial-integrativen Modell gearbeitet wird, obwohl dies offiziell nicht zugegeben wird.

5.1 Beispiel

Der Konflikt zwischen den katholischen deutschen Bischöfen und dem Jugendverband *Katholische Junge Gemeinde* (KJG):
Die Deutsche Bischofskonferenz hat auf ihrer Vollversammlung vom 13. bis 16.2.1978 die KJG aufgefordert, eine neue Bundesleitung zu wählen und zu einer Neubesinnung zu kommen. Falls die Bundesleitung der KJG diesem Beschluß nicht nachkommen

würde, müsse die Bischofskonferenz der Bundesleitung und den überdiözesanen Gremien der KJG das Vertrauen entziehen, d. h. konkret die finanzielle Unterstützung versagen und das Recht absprechen, das „K" in ihrem Verband zu führen.
Ursache für diesen Konflikt und das Eingreifen der Bischöfe war:
– Die Bischöfe erkannten den Bundesleiter der KJG nicht an, weil „er sich in einer entscheidenden Frage nicht an die Moralvorstellungen der Kirche hielt".
– Die Bischöfe hatten erhebliche Bedenken zum Konzept des Handbuches und der Aktion „Nicht schweigen – handeln".

Zu diesem Vorgehen der Deutschen Bischöfe hat der Bundesausschuß der KJG folgende Erklärung abgegeben, die in wenigen Auszügen hier angefügt werden soll:
– „Angesichts dieser Situation befürchten viele Verantwortliche, daß die Kirche, so wie sie im 19. Jahrhundert weitgehend die Arbeiterschaft verlor – die Synode hat es einen ‚fortwährenden Skandal' genannt – jetzt im Begriff steht, die Jugend zu verlieren . . .
– Politisch zu denken und zu handeln, ‚Welt' zu gestalten, verstehen wir als einen christlichen Auftrag, zu dem uns ja auch die Bischöfe ständig ermuntern . . .
– Um so unverständlicher ist es für den Bundesausschuß, daß die Tatsache, daß die KJG den Synodenbeschluß konsequent verwirklichen will, zum Anlaß wird, einen Widerspruch zwischen den Bischöfen und der KJG zu begründen, und den überdiözesanen Gremien der KJG das Vertrauen zu entziehen . . .
– Im Bewußtsein eigener Verantwortlichkeit und im Ernstnehmen des Subsidiaritätsprinzips erklärt die KJG für sich das Recht, auf demokratische, in der anerkannten Satzung festgelegten Weise die inhaltliche Ausrichtung der eigenen Arbeit und die Anstellung der darauf verpflichteten Leitung und Referenten in Eigenverantwortung bestimmen zu können."

Das Vorgehen der Bischöfe wird von seiten der KJG als massiver Eingriff in die Autonomie des Verbandes bezeichnet. Da die Wahl demokratisch und nach den festgelegten Regeln der Satzung der KJG erfolgte, mußte die Bundesleitung das Ansinnen der Bischöfe mit Entschiedenheit zurückweisen.
Gleichzeitig wandte man sich gegen eine Disziplinierung von Jugendverbänden durch Streichung der Förderungsmaßnahmen aus kirchlichen Mitteln. Dazu wurde betont: Die Freiheit der einzelnen Verbände werde von der verbindlichen Lehre der Kirche bestimmt, nicht aber danach,wie einzelne Entscheidungsträger der

katholischen Kirche ein jeweiliges Agieren des Verbandes beurteilen.[14]

Dieses Beispiel wurde ausgewählt – eine Reihe weiterer Beispiele könnte folgen –, um zu belegen, daß die katholische Amtskirche weder progressive noch emanzipatorische, sondern sozial-integrative Jugendarbeit in ihren Reihen wünscht. Diese Aussage steht zwar dem Synodentext „Ziele und Aufgaben kirchlicher Jugendarbeit" entgegen, aber gerade dieser Text, der eine emanzipatorische Jugendarbeit erlaubt, wird von den deutschen Bischöfen im konkreten Fall scheinbar nicht als verbindlich anerkannt.[15]

Auch aus der evangelischen Jugendarbeit ließen sich Beispiele nennen, die ein ähnliches Verhalten der Amtskirche aufzeigen. Sicherlich kann man auch zahlreiche Gegenbeispiele anführen. Worum es hier geht, ist, eine sich z. Z. verstärkende Tendenz kirchlicher Träger anzudeuten. Diese Entwicklung sollte man vor allem deshalb für bedenklich halten, weil die kirchlichen Träger in erheblichem Umfang Jugendarbeit betreiben (in Nordrhein-Westfalen sind es etwa 70 %). Darüber dürfen auch nicht die offiziellen Programme und Konzepte hinwegtäuschen. Die Praxis steht vielfach im Gegensatz zu diesen Verlautbarungen.

5.2 Beispiel

Im Zusammenhang mit Problemen und Konflikten von Jugendzentren beweisen öffentliche Träger von Jugendpflege, daß sie sich zwar im Konzept sehr offen und verständnisvoll zeigen, daß dies jedoch von der Praxis widerlegt wird. Ein Beispiel – unter vielen anderen – bietet die Stadt *Darmstadt*.

„Die Stadt Darmstadt formulierte in ihrem gerade verabschiedeten Jugendplan, das Jugendzentrum solle die Jugendlichen bei der Ausbildung von Kritikfähigkeit und Ich-Stärke unterstützen, ihnen helfen, Angst vor Ungehorsam abzubauen, Selbstbewußtsein und Selbstvertrauen zu gewinnen, Mißerfolge ohne Aggressionen nach außen oder innen zuzugeben und verarbeiten zu können, im experimentellen Handeln zu lernen, wie das eigene Ver-

---

[14] Quellen zu diesem Konflikt: Pressedienst des Sekretariats der Deutschen Bischöfe, II/1978; id. Bund der deutschen katholischen Jugend – Informationsdienst 9/1977; Gazette. Informationsdienst der KJG-Bundesleitung 2/3/1978.

[15] *J. Schilling:* Kirchliche Jugendarbeit in der Gemeinde. Kösel-Verlag. München 1979.

halten der Umwelt und die Umwelt menschlichen Bedürfnissen angepaßt werden kann."[16]
Als es zu Spannungen und Konflikten zwischen dem Jugendzentrum und den Stadträten kam, wurde das Jugendhaus von der Polizei geräumt und von den Stadträten geschlossen.
Untersuchungen von *Krisam* oder *Hollstein/Meinhold u. a.*[17] beweisen, daß auch heute noch der Bewahrungs- und Schutzgedanke bei Erwachsenen im Vordergrund steht. „Die Erwachsenen wünschen die Bewahrung vor Verwahrlosung durch ‚sinnvolle Freizeitgestaltung', verstanden als Hobbypflege und musische Bildung (Basteln und Werken)."[18] Wo dies nicht gewährleistet ist, sieht man sich gezwungen, Jugendräume zu schließen.
Zu einem ähnlichen Ergebnis gelangen auch *Hollstein/Meinhold* in ihrer Untersuchung. „Diese Aufgaben der Jugendfreizeitheime, Ordnungs-, Beschäftigungs- und Integrationstherapie zu leisten, sind auch heute noch gültig (. . .) Stadt und Gemeinden verharren in der Erwartungshaltung, daß in den Häusern der offenen Tür Ruhe und Ordnung gewährleistet bleiben."[19]
Als Resümee kann man festhalten: Jugendarbeit in öffentlichen Einrichtungen hat nach den Vorstellungen Erwachsener nach dem sozial-integrativen Modell zu erfolgen. Die sozialintegrative Funktion der Jugendarbeit ist heute allerdings nicht nur sanfter, sondern auch subtiler und komplexer.[20]

5.3 Beispiel

Ein Leiter eines Jugendzentrums erhält vom zuständigen Jugendamtsleiter folgenden Brief:
Betr.: Aktivitäten der Jugendzeitschrift „Aktiv" in Ihrem Hause

---

[16] *J. Fiege:* Jugendzentren als Orte der Selbstverwaltung, in: deutsche jugend 12/1972, 558-566; *J. Schilling:* Politische Bildung in der außerschulischen Jugendarbeit, in: Der Bürger im Staat 1/1974, 67-72.

[17] *R. Krisam/H. G. Tegerhoff:* Jugendfreizeitzentrum und soziales Umfeld. Luchterhand Verlag. Neuwied 1977; *W. Hollstein/M. Meinhold:* Theorie und Praxis der Jugendarbeit, in: Neue Praxis 4/1975, 279-289.

[18] Ebd., 115.

[19] *Hollstein:* a.a.O., 279.

[20] *L. Böhnisch:* Der Sozialstaat und seine Pädagogik. Luchterhand Verlag. Neuwied 1982, 25.

Sehr geehrter Herr N. N.,
ich darf Sie hiermit bitten, die Aktivitäten der Jugendlichen, die die Zeitschrift „Aktiv" herausgeben, deutlich zu beschränken. Es geht nicht an, daß ein Jugendhaus, das von staatlichen Mitteln, letztlich von Steuergeldern finanziert wird, solchen Jugendlichen Raum und Geld zur Verfügung stellt, die unsere freiheitlich-demokratische Ordnung in Frage stellen. Statt diesen Jugendlichen Ihre kostbare Zeit zur Verfügung zu stellen, sollten Sie es als eines der wichtigsten Ziele Ihres Hauses ansehen, für die Jugendlichen dazusein, die keine Arbeitsstelle haben, auf den Straßen herumstehen, Bürger belästigen und insgesamt eine Gefahr in unserer Stadt, besonders auch für unsere Kurgäste, darstellen. Ich erwarte von Ihnen, daß Sie sich dieser Jugendlichen besonders annehmen und für sie Angebote im Jugendhaus erarbeiten. Auf diese Weise käme das Jugendhaus seiner ursprünglichen Zielsetzung wieder nach: Jugendlichen Hilfestellung zu geben, den Weg in unsere Gesellschaft zu finden.
Ich hoffe, daß es Ziel Ihrer Arbeit ist, nicht Kritik zu fördern, sondern Hilfe zu geben zur Integration der Jugendlichen in unsere Gesellschaft.
Hochachtungsvoll
N. N.

Ähnliche Beispiele finden sich in dem Buch von *A. Götz*[21].

5.4 Beispiel

In einem Jugendhaus hat sich eine Clique Jugendlicher etabliert, die sehr aggressiv ist. Häufig gehen Stühle und anderes Mobiliar in die Brüche, aber auch Schlägereien mit anderen Jugendhausbewohnern sind nicht selten.
Der Jugendarbeiter möchte dieser Clique nicht Hausverbot erteilen, sondern sie im Jugendhaus halten. Er macht sich Gedanken, wie er den Jugendlichen helfen kann, d. h. er erarbeitet sich eine Theorie.
Theorie ersten Grades: Aufgrund seiner Erfahrungen hat er eine bestimmte Vorstellung, warum diese Jugendlichen aggressiv sind.
Theorie zweiten Grades: Aus seinem Studium und durch Lesen von Literatur besitzt er Wissen darüber, wie Aggressionen entstehen und wie man ihnen begegnen kann.
Theorie dritten Grades: Um genauer informiert zu sein und bes-

---

21 *A. Götz:* Wofür wirst du eigentlich bezahlt? Rotbuch Verlag. Berlin 1980.

ser handeln zu können, liest der Jugendarbeiter in einigen relevanten Büchern, z. B. *A. Schmidt-Mummendey/H. D. Schmidt (Hrsg.):* Aggressives Verhalten. Juventa Verlag. München 1975; *R. Verres/J. Sobez:* Ärger, Aggression und soziale Kompetenz. Klett-Verlag. Stuttgart 1980; *J. Kraußlach u. a.:* Aggressive Jugendliche. Juventa Verlag. München 1978.
Je nachdem, wie groß sein Interesse und Engagement in diesem konkreten Fall ist, wird sich seine Theorie aus allen drei Graden zusammensetzen. Auf jeden Fall wird ihm die Theorie helfen, das Phänomen Aggression besser zu verstehen und adäquater damit in der Praxis umzugehen.

6 Einwände und Fragen

6.1 Kluft zwischen Theorie und Praxis

Ich habe bezüglich der theoretischen Modelle den Eindruck, daß zwischen theoretischen Ansätzen und der Praxis eine deutliche Kluft besteht. Häufig werden in Büchern im ersten Teil die theoretischen Modelle referiert und im zweiten Teil folgen Darstellungen aus der Praxis. Beide Teile haben aber sehr wenig miteinander zu tun.

Daraus ziehe ich folgenden Schluß: Vielen ist der Stellenwert eines theoretischen Modells nicht klar, denn sonst könnten sie solche Diskrepanzen nicht vertreten. Daraus folgt eine weitere Erkenntnis: Es ist sehr wichtig, daß Jugendarbeiter in ihrer Ausbildung Kenntnisse darüber erwerben, was ein Konzept, ein theoretisches Modell ist, und daß sie Fertigkeiten besitzen, mit diesen Kenntnissen auch umzugehen. Sie müssen lernen, welche Bedeutung einer Theorie zukommt und welche Aufgaben den Jugendarbeiter erwarten. Das Argument „In der Theorie zwar gut, aber für die Praxis nicht geeignet" verdeutlicht eine falsche Auffassung von Theorie und Praxis. Eine Theorie ohne Engagement des Praktikers hat wenig Effektivität. Durch eine Theorie wird der Praktiker gefordert, er muß sich mit ihr auseinandersetzen, seine Praxis überprüfen und nach Möglichkeiten der Umsetzung suchen. Nur so kann eine Theorie der Praxis auch helfen.[22]

---

[22] *M. Ebener:* Praxisbezogene Ausbildung für Jugendarbeit. Minerva Publikation. München 1979.

6.2 Gegenemanzipatorische Praxis

Wenn man immer mehr feststellt, daß in der Praxis der sozialintegrative Ansatz erwartet wird, d. h. die Praxis sich gegenemanzipatorisch erweist, was hat es dann für einen Sinn, andere Konzepte zu kennen, nach denen man doch nicht arbeiten kann?

Einer solchen Auffassung kann ich nicht zustimmen. Ich habe an anderer Stelle von der „konkreten Utopie" gesprochen. Die Praxis hinkt oft der theoretischen Zielvorstellung nach. Das gilt für jede Pädagogik. Man braucht utopische Ziele, auf die man sich zubewegt, die man jedoch nur selten auch erreichen kann. Insofern bedarf man auch theoretischer Modelle, die dem Jugendarbeiter den Weg weisen, auf dem er sich bewegen soll. Theoretische Modelle sind also notwendig, auch wenn die Praxis zur Zeit andere Tendenzen aufzuweisen hat.
Ein weiteres: Arbeitet man nach emanzipatorischen Zielen in der Jugendarbeit, bedarf es eines gut begründeten Konzeptes. Nur auf diese Weise ist es möglich, den Träger von einer vorgelegten emanzipatorisch-bedürfnisorientierten Konzeption zu überzeugen. Man darf in der Jugendarbeit einen vorsichtigen Optimismus besitzen, daß (freie wie öffentliche) Träger Jugendarbeitern viel Freiraum für ihre Arbeit zugestehen, wenn sie ein gut ausgearbeitetes und vor allem gut begründetes Konzept vorlegen. Sind Jugendarbeiter dazu nicht in der Lage, können sie vom Träger auch nicht verlangen, ihnen in ihrer Arbeit Freiheit einzuräumen.

6.3 Vorstellungen über Theorien

Wenn man Theorie in drei Grade einteilt, fällt es leicht zu sagen, daß jeder Praktiker auch eine Theorie hat, die seinem Handeln zugrunde liegt. Es ist erstaunlich, daß diese Einteilung so wenig bekannt ist. Ich habe den Eindruck, daß man nur die Theorie dritten Grades meint, wenn man von Theorie spricht.

Es ist zu bedauern, daß man mit dem Begriff „Theorie" meist etwas Abstraktes, Praxisfernes verbindet. Man könnte anfügen, daß in den Sozialwissenschaften nach dem Zweiten Weltkrieg eine Theoriefreundlichkeit zu verzeichnen war. Nach dieser Euphorie ist inzwischen – wenn nicht gerade eine Theoriefeindlichkeit – doch eine Theorieskepsis zu erkennen. Es geht mir weniger um diesen geschichtlichen Erklärungszusammenhang; wichtig ist

lediglich die Tatsache, daß viele Praktiker falsche Vorstellungen von Theorien haben. Durch diese Tatsache wehren sie Erklärungs- und Hilfsmodelle für ihre Praxis ab. Man kann nur hoffen, daß immer mehr Jugendarbeiter nicht vorschnell alles, was mit Theorien zusammenhängt, ablehnen, sondern ihr Vorurteil abbauen und den Versuch wagen, in der Praxis mit Theorien umzugehen.
Andererseits wird Ähnliches auch von den Wissenschaftlern gefordert. Sie sollten die Praxis so gut kennen, daß ihre Theorien eine tatsächliche Hilfe für den Praktiker darstellen. Wissenschaftler tragen deshalb zu einem nicht geringen Teil Schuld daran, daß ihre Vorstellungen von den Praktikern abgelehnt werden, weil sie keinerlei Bezug zur Praxis haben. Solche „Orchideenzüchter" im Bereich der Jugendarbeit gibt es und wird es immer geben. Deshalb wird vom Jugendarbeiter eine kritische Würdigung dessen erwartet, was andere ihm als Theorie zur Seite stellen.

6.4 Wechselwirkung von Theorie und Praxis

Man spricht von Theorie und Praxis, von Theoretikern, Wissenschaftlern und Praktikern. Wie kann man aus diesem Dilemma herauskommen?

Diese Einteilung in zwei Gruppen ist nicht korrekt. Überdenkt man die Ausführungen in diesem Kapitel über Theorie, dann bilden Theorie und Praxis eine Einheit. Praxis ohne Theorie ist ebensowenig möglich wie Theorie ohne Praxis. Zwischen beiden besteht ein Wechselverhältnis, eine Dialektik. Ich habe aufgezeigt, daß jeder Praktiker eine Theorie (gleich welchen Grades) besitzt und ebenso muß man sagen, daß ein Theoretiker irgendeine Beziehung zur Praxis haben muß, denn ohne diese kann er keine Theorie entwickeln.
Es ist wichtig, darauf zu verweisen, daß jede Einseitigkeit fehl am Platze ist. Man sollte die Praxis nicht der Theorie über- oder unterordnen.[23] Vielmehr haben beide ein ganz spezielles Gebiet, das nur sie ausfüllen können. Darüber hinaus haben sie aber auch einen gemeinsamen, sich bedingenden Teil. *H.-L. Schmidt* hat sich mit diesem Problem unter dem Aspekt „Theorien der Sozialpädagogik" befaßt. Seine Überlegungen möchte ich hier als einen Versuch einer Antwort zitieren.

---

[23] *L. Sümpelmann/H. Terhorst:* Zum Theorie-Praxis-Dilemma in der heutigen Sozialarbeit, in: Neue Praxis 1/1978, 50-56.

„Die wechselseitige Verwiesenheit von Theorie und Praxis drückt sich dadurch aus, daß erzieherische Praxis, will sie bewußt und gewollt Erziehung des Menschen zum Menschen durch den Menschen sein, immer gebunden ist an eine pädagogische Theorie, die ihrerseits wieder auf die Erziehung als Praxis verwiesen ist; denn sie kann nur als Erkenntnis von der Erziehungspraxis für die Erziehungspraxis theoretische Anleitung der Erziehung sein. Diese wechselseitige Vermitteltheit von Theorie und Praxis ist aufgehoben im Erzieher. Er ist einerseits der Adressat der Theorie – Theorie steht im Dienste des Erziehers – und andererseits Akteur der Praxis, jedoch erst dort, wo Pädagogik als wissenschaftliche Theorie dem Erzieher die Wirklichkeit der Praxis erschlossen und Orientierung für seine Praxis geworden ist. Daraus resultiert dann die dreifache Aufgabe der Pädagogik:

1. Als dialektische Situationsanalyse erzieherischer Praxis für den Erzieher kann sie ihm auf das *Wie* seiner erzieherischen Erfahrung und Bewährung hin theoretische Anleitung sein für das Finden der konkreten Ansprüche der Praxis auf seine praktischen Entscheidungen hin; hier überwiegt das ‚praktische Motiv' der Theorie.
2. Als dialektische Sinndeutung allen erzieherischen Anliegens kann sie auf das *Was* pädagogischer Sinnbestimmung und Orientierung hin ihm theoretische Sinnerschließung werden für sein Verhältnis der praktischen Möglichkeit und Aufgegebenheit der Bildung des Heranwachsenden; hier überwiegt das ‚theoretische Motiv' der Theorie.
3. Als dialektische Selbstreflexion muß sich die Theorie selbst auf Sinn und Grenzen ihrer Aussagen gegenüber der Erziehung als Praxis befragen und rechtfertigen und begründet insofern erst die praktische Dimension der Pädagogik. Erst in der Erfüllung dieser dritten Aufgabe wird Pädagogik wahrhaft dialektische Wissenschaft von der und für die Erziehung (. . .)

Von hierher wird nun auch einsichtig, daß eine Lösung des Theorie-Dilemmas der Sozialpädagogik nicht zu erwarten ist von einer Praxisthese oder einer Theoriethese oder einer Identität beider, sondern nur von einer dialektischen Vermittlung von Theorie und Praxis unter Berücksichtigung der sozialpädagogischen Differenz beider: einerseits, daß Praxis der Theorie als unverfügbare gegeben ist und Theorie Praxis nicht determinieren darf; andererseits, daß Praxis auf Sinnorientierung durch Theorie angewiesen ist, deren Vermittlung sie als Praxis allerdings nur alleine zu leisten vermag.“[24]

7 Lernkontrolle

• *Sie sollten bezüglich theoretischer Modelle von Jugendarbeit gelernt haben*

1. Was ist eine Theorie ersten, zweiten und dritten Grades?
2. Welche Funktion und Bedeutung hat eine Theorie?
3. Was ist ein theoretisches Modell?
4. Welche theoretischen Modelle gibt es?

• *Sie sollten in der Lage sein, auf folgende Einwände antworten zu können*

1. Die theoretischen Modelle werden in der Literatur ohne besonderen Bezug zur Praxis dargestellt.
2. Es ist ratsam, nur nach dem sozial-integrativen Modell zu arbeiten, da andere Modelle von Trägern abgelehnt werden.
3. Theorien sind in der konkreten Praxissituation nicht hilfreich.

8 Literatur

Bierhoff, B.: Theoretische Ansätze zur außerschulischen Jugendbildung und Jugendarbeit, in: *H. Wollenweber (Hrsg.):* Außerschulische Jugendbildung und Jugendarbeit. Schöningh Verlag. Paderborn 1981, 135-161.

Einsiedler, W.: Schulpädagogischer Grundkurs. Bd. 1. L. Auer Verlag. Donauwörth 1974, 108-120.

Feldmann, R./Arbogast, Ch.: Wozu Theorie?, in: deutsche jugend 7/1976, 312-320.

Furck, C. L.: Die Praxis der Jugendpflege, in: Der Rundbrief 12/1962, 14-17.

Giesecke, H.: Einführung in die Pädagogik. Juventa Verlag. München 1971, 191-206.

Hartfield, G.: Wirtschaftliche und soziale Rationalität. Enke Verlag. Stuttgart 1968, 14-27.

---

[24] *H.-L. Schmidt:* Theorie der Sozialpädagogik. Schindele Verlag. Rheinstetten 1981, 36-27; 272.

Hollstein, W./Meinhold, M.: Theorie und Praxis der Jugendarbeit, in: Neue Praxis 4/1975, 279-289.
Hornstein, W.: Aspekte und Dimensionen erziehungswissenschaftlicher Theorien zum Jugendalter, in: *Neidhardt, F. (Hrsg.):* Jugend im Spektrum der Wissenschaften. Juventa Verlag. München 1970, 151-201.
Klafki, W. u. a.: Erziehungswissenschaft. Funk-Kolleg. Bd. 3. Fischer Verlag. Frankfurt 1971, 173-223.
Schmidt, H.-L.: Theorien der Sozialpädagogik. Schindele Verlag. Rheinstetten 1981.
Sümpelmann, L./Terhorst, H.: Zum Theorie-Praxis-Dilemma in der heutigen Sozialarbeit, in: Neue Praxis 1/1978, 50-65.
Weniger, E.: Ausgewählte Schriften zur geisteswissenschaftlichen Pädagogik. Beltz Verlag. Weinheim 1975, 29-44.

3 Erziehungsziele

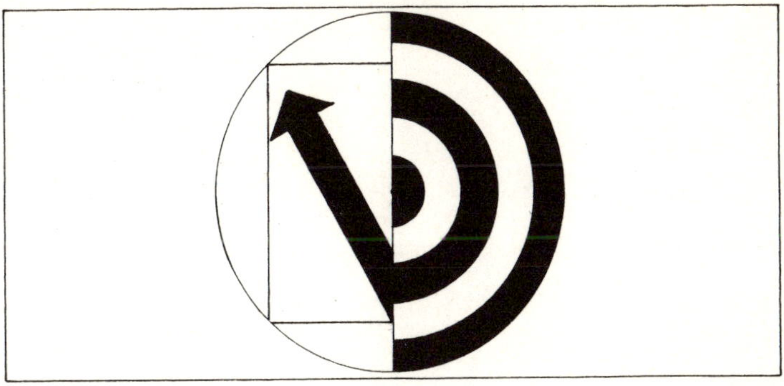

Ziele
Situation
Erziehungsziele
Theoretische Modelle
Anthropologische Pyramide
Pädagogisches Feld
Abstraktionsgrade von Lernzielen
Planung
Beispiele aus der Praxis
Einwände und Fragen
Lernkontrolle
Literatur

1 Ziele

1.1 Grobziel

Erziehungsziele kennen und sie in einen größeren Zusammenhang einordnen können.

1.2 Feinziele

- Werte und Normen in der Jugendarbeit kennenlernen.
- Verschiedene Erziehungsziele kennenlernen.
- Erkennen und verstehen, was man unter Lernen versteht.
- Eine anthropologische Pyramide kennenlernen.
- Den Begriff pädagogisches Feld verstehen können.
- Die Fähigkeit erwerben, Richt-, Grob- und Feinziele zu formulieren.
- Die Wichtigkeit einer Planung unter dem Zeitaspekt erkennen.
- Anhand von Praxisbeispielen die Bedeutung von Erziehungszielen erklären können.
- Einwände gegen das Dargestellte entkräften können.
- Zum Thema „Ziele in der Jugendarbeit" relevante Literatur kennenlernen.

2 Situation

2.1 Beispiel

Vielfach kann man hören bzw. lesen, daß sogenannte informelle Jugendgruppen lose, unorganisierte Gruppierungen im Freizeitbereich sind. Dieser Ansicht ist entschieden zu widersprechen. Jeder Zusammenschluß von Menschen ist in irgendeiner Weise organisiert. Die folgende Beschreibung einer Clique Jugendlicher soll diese Aussage belegen.
Eine Clique Jugendlicher (9 Jungen, 6 Mädchen, Alter: 14-17 Jahre) besteht bereits seit etwas mehr als einem Jahr. Die Clique ist stolz darauf, daß sie so lange besteht und so gut harmoniert. In diese Clique bringt ein Mädchen seinen Freund mit und möchte, daß er in die Clique aufgenommen wird. Nachdem die Clique

intern beraten hat und zu einem positiven Ergebnis gekommen ist, wird der Neue „eingewiesen“:

A: *Eins mußt du wissen: Hände weg von fremden Frauen! Da läuft nichts. Wenn welche aus der Clique miteinander gehen, darfst du sie nicht anmachen. Sonst gibt es Ärger.*
B: *Was heißt das konkret? Darf ich dann mit keinem Mädchen aus der Clique mehr was haben?*
A: *Wir haben da klare Absprachen. Wenn du eine Frau hast, dann Finger weg von anderen aus der Clique. Das gilt besonders für dich. Du bist neu und hast dich daran zu halten. Es gilt nicht für jeden alles, da gibst es feine Unterschiede. Die wirst du auch noch mitkriegen.*
C: *Das ist Peter, der hat die Clique eigentlich gegründet. Er und Heide sind am längsten hier. Peter macht das alles etwas streng. Ihm liegt sehr viel an der Clique. Du wirst schon lernen, dich in der Clique so zu verhalten, daß es dir bei uns gefällt. Wir helfen dir dabei.*
B: *Ich werde schon zurechtkommen.*
A: *Prima. Du brauchst nur Zeit, dann blickst du schon durch.*

2.2 Fragen

Versuchen Sie nun, folgende Fragen zu beantworten:

1. *Welche Prinzipien, Regeln und Vorstellungen vom gegenseitigen Umgang herrschen in der Clique vor?*
2. *Versuchen Sie, allgemein gültige, abstrakte Begriffe zu finden, mit denen man das Verhalten der Clique beschreiben könnte, und ordnen Sie diese einander zu!*

2.3 Interpretation des Beispiels

Eine Clique ist eine informelle Gruppe, d. h. sie setzt sich aus Jugendlichen beiderlei Geschlechts zusammen; sie wird von den Jugendlichen selbst initiiert und von ihnen unabhängig von Organisationen geleitet.
Obwohl es sich um eine informelle Gruppe handelt, gibt sie sich dennoch Regeln für das Verhalten der einzelnen Mitglieder. Neuen Mitgliedern werden die wichtigsten Regeln im Gespräch mitgeteilt:

– Freundschaften dürfen nicht zerstört werden
– Nicht gleiches Recht für alle
– Der Gründer achtet am strengsten auf die Einhaltung der Regeln
– Der Gründer hat mehr Rechte.

Diese Regeln der Clique können auch *Normen* genannt werden. Jede Gruppierung hat also Normen oder Regeln. Diese wiederum sind zurückzuführen auf bestimmte *Werte*, die hinter diesen Normen stehen. Das vorausgehende Gespräch läßt auf folgende Werte schließen:

– Die Clique ist ein Wert, deshalb werden nur solche aufgenommen, die dazu passen,
– Freundschaften sind ein Wert, deshalb wird darauf geachtet, daß Mitglieder diese nicht gefährden.

3 Erziehungsziele

In der ersten Lektion wurde im Zusammenhang mit der Frage „Was ist Didaktik?" auf die Wichtigkeit der Zielvorstellung und -formulierung in der Jugendarbeit nachdrücklich hingewiesen. In dieser Lektion geht es um die Klärung der Fragen:

– Was sind Erziehungsziele?
– Woher lassen sich Erziehungsziele ableiten?

Will man wissen, was Erziehungsziele sind und wie sie in einen größeren Zusammenhang einzuordnen sind, müssen folgende Begriffe geklärt werden:

– Was sind Werte?
– Was sind Normen?
– Was heißt lernen?

• *Was sind Werte?*

Werte sind kulturelle Instrumente,die für eine Gesellschaft oberste Ordnungs- und Orientierungsvorstellungen sind. Wert ist ein Maßstab, der Handeln lenkt und Entscheidungen über Handlungsweisen ermöglicht.[25] Kurz gefaßt kann man sagen: Werte sind soziokulturell vermittelte Vorstellungen von Wünschenswertem, Ordnungsmaßstäbe, Leitsätze, ethische, religiöse Zielvorstellungen. Werte findet man in den religiösen Geboten und Verboten, in den Grundrechten unserer Verfassung.

---

[25] *R. Lautmann:* Werte und Normen. Westdeutscher Verlag. Köln 1969.

- *Was sind Normen?*

Werte erfahren ihre praktische Verwirklichung durch konkrete Regelungen, Handlungsanweisungen, Satzungen oder Gesetze. Diese bezeichnet man als Normen; Werte werden also durch Normen konkretisiert. Normen regeln allgemein menschliches Handeln und sind mit positiven oder negativen Sanktionen belegt.
Kurz gefaßt: Normen sind Absprachen, konkrete Regelungen, Handlungsanweisungen, Satzungen, Gesetze.

- *Werte und Normen in der Jugendarbeit*

Werte überwölben die Normen und geben Ziele an, d. h. Vorstellungen von etwas Wünschenswertem. Normen dagegen helfen, den Weg zu diesem Ziel zu kontrollieren und abzusichern. „Je wichtiger die Werte und die daraus abgeleiteten Ziele sind, um so eindeutiger werden die Normen festgelegt und ihre Beachtung durch soziale Kontrolle überwacht."[26]
Bei der Planung eines didaktisch-methodischen Konzeptes ist es wichtig, sowohl die Werte und Normen des Jugendarbeiters wie auch die der Jugendlichen zu reflektieren. Es geht dabei um die soziokulturelle Prägung von Jugendarbeiter und Jugendlichen. Jeder der beiden im Erziehungsprozeß Stehenden bringt seine eigene Prägung mit. Deshalb wird es von Bedeutung sein – zumindest für den Erzieher –, wenn er sich dieser Prägung bewußt ist. Die Sensibilität sich selbst gegenüber wird ihn z. B. davon abhalten, Erziehungsziele zu formulieren, die nicht auf Selbständigkeit anderer gerichtet sind, sondern der eigenen Selbständigkeit bzw. Bestätigung dienen.
Ähnlich wichtig ist es, die Werte und Normen Jugendlicher zu kennen, wenn man Erziehungsziele formulieren will, die tatsächlich zu einer Verhaltensänderung führen. Konkret bedeutet dies, daß der Jugendarbeiter Jugendliche kaum beeinflussen bzw. sie zu einer Verhaltensänderung bewegen kann, wenn er bei der Zielformulierung nicht die Werte und Normen seiner Bezugsgruppe (besonders der Cliquen) berücksichtigt. Der Jugendarbeiter wird von jugendlichen Cliquen wohl kaum als Autorität und Vertrauensperson akzeptiert, wenn er nicht die Werte und Normen einer Clique toleriert. Ohne Kenntnis der Werte und Normen Jugend-

---

[26] *G. Wurzbacher (Hrsg.)*: Der Mensch als soziales und personales Wesen. Enke Verlag. Stuttgart 1968, 13-14.

licher und ihrer Cliquen dürfte Jugendarbeit nur schwer möglich sein.[27]

- *Was sind Erziehungsziele?*

Man kann zwischen bewußten und unbewußten Normen unterscheiden. Unbewußte Normen sind solche, die den einzelnen unreflektiert und unbewußt begleiten. Werden die Normen dem einzelnen dagegen bewußt vermittelt, spricht man von Erziehung bzw. Erziehungszielen. *Erziehungsziele sind also bewußt vermittelte Normen.* Es geht um Sollensforderungen, d. h. nicht um etwas, was bereits vorhanden ist, sondern um etwas, das erst sein soll (Ziel).
Somit kann man ein Erziehungsziel umschreiben als eine bewußte Norm, die einen vorgestellten Zustand einer Persönlichkeit umschreibt, der durch Erziehung verwirklicht werden soll.[28]
Es geht bei den bewußten Normen und Erziehungszielen darum, dem Zu-Erziehenden zu helfen, von seinem Ist-Zustand in einen Soll-Zustand zu kommen.

- *Was ist Sozialisation?*

Durch die soziologische Forschung wurde für Erziehung der Begriff „Sozialisation" eingeführt. Dieser Begriff assoziiert jedoch vielfach einen Anpassungsprozeß an die Gesellschaft.
Zudem läßt er die Wechselseitigkeit der verschiedenen Faktoren eines Erziehungsprozesses zu wenig sichtbar werden. Diese Erkenntnis führte dazu, den Begriff Sozialisation zu differenzieren. Erziehung muß die drei Größen „Person – Gesellschaft – Kultur" in ihrem Wechselverhältnis sehen und berücksichtigen.

Prägung des Menschen

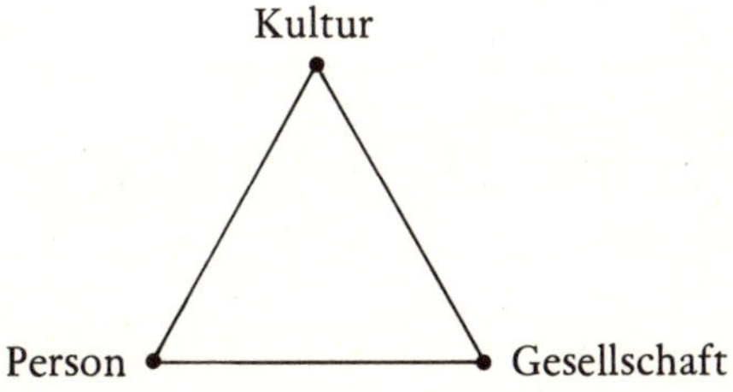

[27] *J. Schilling:* Bedürfnis- und cliquenorientierte Jugendarbeit, in: jugend wohl 11/1979, 405-412; 12/1979, 447-451.

[28] *W. Brezinka:* Was sind Erziehungsziele, in: *M. Benden (Hrsg.):* Zur Zielproblematik in der Pädagogik. Klinkhardt Verlag. Bad Heilbrunn 1977, 9-48.

In der Erziehung geht es nun darum, Lernhilfen zur Verfügung zu stellen, die dem Aufbau der soziokulturellen Person förderlich sind. Zur Person gehören demnach sowohl Kultur als auch Gesellschaft. Um diesen Prozeß besser verdeutlichen zu können, spricht man von *Personalisation, Sozialisation* und *Enkulturation*. Diese Begriffe bezeichnen einen spannungsvollen einheitlichen Prozeß. Nur der klareren Darstellung wegen empfiehlt es sich, diese theoretisch-analytische Aufgliederung vorzunehmen.

Erziehung des Menschen

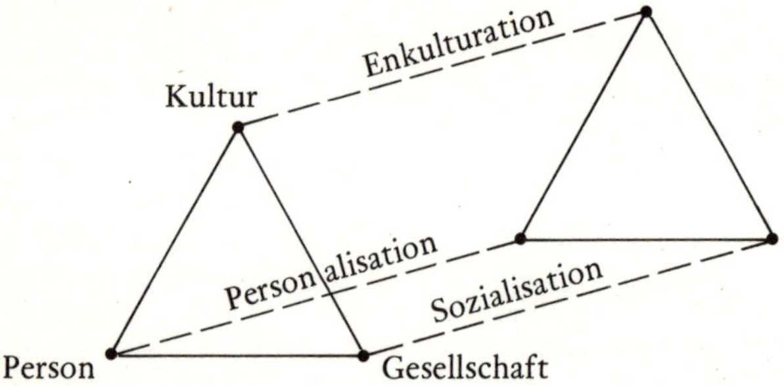

Enkulturation: Der Mensch ist von Natur aus ein Kulturwesen, das allerdings eine kulturelle Lebensweise erst lernen muß. Unter Enkulturation wird die Aneignung kultureller Bildung verstanden, das Lernen von kulturspezifischen Inhalten und Fertigkeiten, die Aneignung und Verinnerlichung von Erfahrungen, Gütern, Maßstäben und Symbolen der Kultur zur Erhaltung, Entfaltung und Sinndeutung der eigenen wie der Gruppenexistenz. Kurz gesagt: Enkulturation ist das Erlernen der Kultur, es geht um kulturelle Bildung.[29]

Sozialisation: Der gesellschaftliche Aspekt bzw. die soziale Dimension der Kultur wird als Sozialisation bezeichnet. Mit Sozialisation meint man einen Teilbereich der Enkulturation, bei dem es um das Lernen von Werten und Normen geht. Da der Mensch ein soziales und personales Wesen ist, darf man Sozialisation nicht mit Unfreiheit gleichsetzen, sondern man muß von einer

---

29 *G. Wurzbacher (Hrsg.):* Der Mensch als soziales und personales Wesen. Enke Verlag. Stuttgart 1968, 14.

relativen Autonomie sprechen, d. h. die Person besitzt unterschiedliche Freiheitsgrade für ihr Handeln. Kurz gesagt: Bei der Sozialisation geht es um die soziale Prägung.
Personalisation: Unter Personalisation versteht man die individuelle Gestaltung und Entfaltung, Selbstformung und -steuerung der eigenen Triebstrukturen. Auf diese Weise nimmt das Individuum verantwortlich Einfluß auf die Gesellschaft und Kultur. Personalisation bedeutet in einer pluralistischen Gesellschaft die Ausbildung und Anwendung menschlicher Fähigkeiten zur Integration des sozialen und kulturellen Pluralismus.[30]

- *Was ist Lernen?*

Lernen ist ein zentraler Begriff der Pädagogik. Man versteht darunter nicht allein das Lernen in der Schule. Vielmehr wird Lernen im weiteren Sinne verstanden als die Möglichkeit und Fähigkeit des Menschen, ständig Neues aufzunehmen, seine Umwelt wahrzunehmen, sich über Ereignisse Gedanken zu machen, Schlüsse zu ziehen und das eigene Verhalten aus eigener Entscheidung heraus zu verändern. Man kann Lernen als Veränderung des Verhaltens und der zugrundeliegenden psychischen Disposition bezeichnen.
Lernen kann man des weiteren unterteilen in intentionales und funktionales Lernen.
Unter *funktionalem* Lernen versteht man all das, was durch Einflüsse der Umwelt aufgenommen wird und zu Verhaltensänderungen führt. Man kann davon ausgehen, daß das meiste, was wir lernen, nicht Ergebnis von Unterweisungen, sondern vielmehr das Ergebnis von Einflüssen der Umgebung ist.
Unter *intentionalem* Lernen versteht man das durch Erziehung und Erziehungsinstitutionen vermittelte Lernen, d. h. als intentionales Lernen bzw. intentionale Erziehung wird das bewußte, planvolle, methodische, zielgerichtete Vorgehen eines Erziehers in einer Erziehungsinstitution bezeichnet.
Beim Pädagogen muß man zwei unterschiedliche Arten von intentionalen Akten unterscheiden, den *naiven* und den *pädagogisch reflektierten* Akt.
Unter *naiver* Intention wird eine spontane Reaktion verstanden, wie sie auch in jeder anderen Interaktion geschieht. Auf der *pädagogisch reflektierten* Ebene (der Meta-Intention) sollte der Päd-

[30] *E. Weber:* Grundfragen und Grundbegriffe. Auer Verlag. Donauwörth 1975, 44.

agoge seine naive Intention und die Situation des Jugendlichen reflektieren, um die Situation so zu strukturieren, daß er alle auftauchenden Handlungsschritte und Handlungsinhalte auf die erzieherische Intention hin relativiert.[31]
Jugendarbeiter können nur über pädagogisch reflektierte Intentionen Auskunft geben, d. h. über Meta-Intentionen.
Folgende Graphik soll dies noch einmal verdeutlichen.

Erziehungsziele

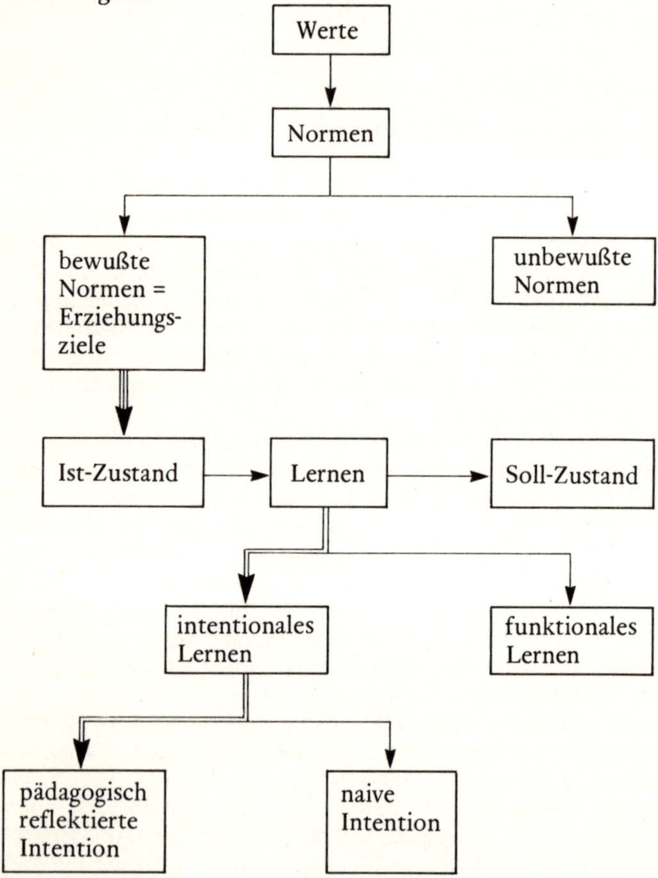

[31] *K. Mollenhauer:* Theorien zum Erziehungsprozeß. Juventa Verlag. München 1972, 121.

Bei einer Didaktik der Jugendarbeit kann es nur um intentionales Lernen und pädagogisch reflektierte Intentionen gehen, da es in der Didaktik um bewußtes, zielstrebiges Lernen bzw. Erziehen geht. Dies sagt nichts über die Wichtigkeit und Bedeutung von funktionalem Lernen und naiver Intention aus.
Erziehung ist die Bewußtmachung von Werten und Normen mit dem Ziel, daß Kinder bzw. Jugendliche durch Lernen von einem Ist-Zustand in einen Soll-Zustand kommen.
Für Jugendarbeit sind diese Ausführungen insofern von Bedeutung, weil der Jugendarbeiter bei der Formulierung seiner Ziele sich dessen bewußt sein sollte, daß seinem Ziel unbewußte Normen entgegenstehen. Des weiteren muß der Jugendarbeiter eine Real-Utopie besitzen, d. h. es wird von ihm ein theoretisches Modell erwartet, woraus er seine Ziele ableitet und welches die Grundlage für seine Zielvorstellungen ist.
Auch ist festzuhalten, daß der Lernprozeß nicht nur zwischen Jugendarbeiter und Jugendlichen stattfindet, sondern daß im funktionalen Lernen weit mehr und intensiver gelernt wird. Diese Lernprozesse wird der Jugendarbeiter zu beobachten und zu berücksichtigen haben. Hier sei besonders auf die jugendlichen Cliquen hingewiesen, die ein eigenes Lernfeld darstellen und Sozialisation in eigener Verantwortung verwirklichen.
Der Jugendarbeiter sollte methodisch folgendermaßen vorgehen, um seine Ziele zu erreichen:

- *Stellvertretende Entscheidungen:* Vielfach muß der Jugendarbeiter zu Beginn eines Lernprozesses stellvertretend für den Jugendlichen Entscheidungen treffen.
- *Behutsame Partizipation:* Es muß sein Ziel sein, die Jugendlichen allmählich an seinen Entscheidungen partizipieren zu lassen.
- *Regressiv-komplementäres Agieren:* Haben Jugendliche gelernt, Ziele zu erkennen und Entscheidungen zu treffen, sollte sich der Jugendarbeiter langsam zurückziehen und den Jugendlichen größere Kompetenzen einräumen.
- *Symmetrisches Agieren:* Wurden Jugendliche befähigt, Mitverantwortung zu tragen, sollte zwischen ihnen und dem Jugendarbeiter ein partnerschaftliches Verhalten entstehen.[32]

Dies sollten Jugendarbeiter beachten. Vielfach werden diesbezüglich grobe Fehler begangen. Jugendlichen wird z. B. die volle Ver-

---

[32] *R. Winkel (Hrsg.):* Didaktische Theorien. Westermann Verlag. Braunschweig 1981, 84.

antwortung für ein Jugendzentrum übergeben, ohne daß sie gelernt haben, Verantwortung zu tragen.

4 Theoretische Modelle

Wenn es darum geht, Ziele in der Jugendarbeit zu formulieren, muß zunächst die Frage nach dem Verständnis von Jugendarbeit geklärt sein. Welches der im 2. Kapitel (S. 51 ff.) genannten theoretischen Modelle dient als Grundlage für Planungen und Entscheidungen des Jugendarbeiters? Er wird diese Modelle kennen und sich mit ihnen auseinandergesetzt haben, um sein Planen und Handeln an diesen Modellen ausrichten zu können. Der Jugendarbeiter muß sich vergegenwärtigen: „Wie immer man Jugendarbeit betreiben will – immer geht man dabei von theoretischen Gesamtvorstellungen aus, nach denen man seine Motive, Ziele und Handlungen interpretiert. Ob diese Theorien wissenschaftlich durchstrukturiert und reflektiert sind, spielt dabei grundsätzlich keine Rolle, es kann sich auch um eine Mischung aus mehr oder weniger unbewußten traditionellen Überlieferungen, Vorurteilen, herrschenden Meinungen und wissenschaftlichen Teilerkenntnissen handeln. Wichtig ist nur, daß der pädagogisch (und überhaupt praktisch-gesellschaftlich) Handelnde über einen für ihn einsichtigen Zusammenhang von Aussagen verfügt, die ihm die Totalität dessen erklären, was er bearbeitet. In diesem Sinne sprechen wir hier von „Theorie", nicht also unbedingt schon im Sinne einer „wissenschaftlichen" Theorie. Wer Jugendarbeit betreibt, verfügt notwendig über einen solchen theoretischen Vorstellungszusammenhang des Komplexes Erziehung-Jugend-Staat/Gesellschaft."[33]

5 Anthropologische Pyramide

Jugend ist nicht nur eine biologisch-soziale Gruppe, die vor allem durch die beiden Komponenten biologisch-genetisch und geschichtlich-gesellschaftlich geprägt wird, sondern Jugend muß auch unter der individual-personalen Komponente gesehen und verstanden werden. In der Jugendkunde ist gerade hinsichtlich der anthropologischen Erklärung des jugendlichen Daseins ein

[33] *H. Giesecke:* Die Jugendarbeit. Juventa Verlag. München 1971, 129.

Theoriedefizit zu verzeichnen.[34] In dieser Lektion soll nun versucht werden, im Zusammenhang mit den grundsätzlichen Informationen, über die ein Jugendarbeiter verfügen sollte, die Frage nach seinem Menschenbild zu stellen. Entsprechend seiner Vorstellung vom Menschen wird der Jugendarbeiter seine Ziele formulieren.

P. Heimann[35] entwickelt ein anthropologisches Leitmodell, das für Jugendarbeit von großer Bedeutung sein kann.

Das Modell geht davon aus, daß der Mensch eine Geist-Seele-Leib-Einheit ist. Dabei ist die Hauptdimension die des menschlichen *Handelns*, bei der es um *Daseinsbewältigung* geht. Es müssen nämlich die erfahrenen (affektiven) und die reflektierten (kognitiven) Erkenntnisse in psychomotorische Fähigkeiten, d. h. in Handlungen umgesetzt werden. Neben dieser Hauptachse gibt es zwei weitere Achsen, die des *Denkens* mit dem Ziel der *Daseinserhellung* und die des *Fühlens* mit dem Ziel der *Daseinserfüllung*.

Bei der mittleren Achse der anthropologischen Pyramide geht es um die *pragmatisch-dynamische*, bei der rechten um die *affektivpathische* und bei der linken um die *kognitiv-aktive* Dimension. Durch die Darstellung in Form einer Pyramide soll ausgedrückt werden, daß die drei Dimensionen zu einer Einheit zusammenstreben. „Die Spitze deutet auf das Zustandekommen einer einheitlichen Handlung hin, bei der man kaum noch erkennen kann, ob sie mehr von der Erkenntnis gesteuert ist, aus dem impulsiven Antriebsstreben kommt oder ob sie im wesentlichen beeinflußt ist durch Gefühlskräfte und Gefühlsrichtungen."[36] Man kann nun auf jeder Achse verschiedene Grade erkennen:

- *Kognitive Dimension:* Kenntnis – Erkenntnis – Überzeugung.
- *Psychomotorische Dimension:* Fähigkeit – Fertigkeit – Können.
- *Affektive Dimension:* Anmutung – Erleben – Gesinnung.

Entwickelt der Mensch seine Fähigkeiten auf all diesen drei Ebenen, gelangt er zum *Werk*, zur *Lebensgestaltung* und zur *Tat*. *P. Heimann* faßt seine Vorstellungen in folgendem Schaubild zusammen.[37]

---

[34] *B. Hamann:* Jugend im Blickfeld der Wissenschaft. Klinkhardt Verlag. Bad Heilbrunn 1982, 21.

[35] *P. Heimann:* Didaktik als Unterrichtswissenschaft. Klett-Cotta Verlagsgemeinschaft. Stuttgart 1976, 121-141.

[36] Ebd., 128.

[37] Ebd., 125.

Anthropologische Pyramide

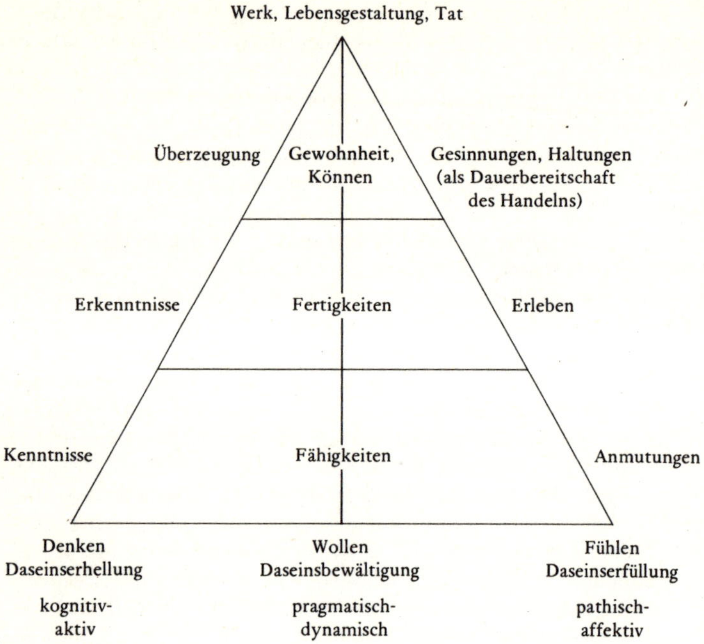

Heimanns anthropologische Pyramide ist unter dem Aspekt des Individuums, der einzelnen Person entworfen. Berücksichtigt man jedoch, daß der Mensch nicht nur als Individuum, sondern im Zusammenhang mit der Gruppe und der Gesellschaft zu sehen ist, muß man den drei Dimensionen eine vierte hinzufügen: die *soziale* Dimension.[38]

Zum Wesen des Menschen gehört der kognitive, psychomotorische, affektive und soziale Bereich. Alle diese Ebenen des Menschen gilt es in der Erziehung zu fördern und zu bilden. Diese

---

[38] *E. Kösel:* Soziale Lernziele in der Schule. Otto Maier Verlag. Ravensburg 1979; *A. Kaiser/R. Kaiser:* Studienbuch Pädagogik. Athenäum Verlag. Frankfurt 1981, 15-38.

Überlegungen besagen, daß sich von diesen vier Dimensionen[39] des Menschen Erziehungsziele ableiten lassen, d. h. der Jugendarbeiter wird überlegen, welche dieser Dimensionen er in besonderer Weise in einer konkreten Zielsetzung fördern will. Es ist also möglich, bei der Zielformulierung den Schwerpunkt auf die eine oder andere Ebene zu legen, was allerdings nicht besagt, daß die anderen Bereiche nicht tangiert werden. Selbstverständlich muß der Mensch als Einheit gesehen werden, da bei jeder Handlung alle Seinsweisen mitschwingen. Dennoch kann man sie analytisch trennen und sie speziell zum Gegenstand des Lernens machen.

Diese Ausführungen von *Heimann* sind für die Jugendarbeit sehr interessant. Da die Schulpraxis die kognitive Seite vielfach einseitig betont, muß Jugendarbeit in besonderem Maße zur Förderung der Gesamtpersönlichkeit beitragen, bei der es um Daseinserhellung, Daseinsbewältigung und Daseinserfüllung geht.

Vielfach setzt man in der Jugendarbeit bestimmte Erkenntnisse voraus, was sich später oft als Irrtum erweist. Will man z. B. Jugendliche zur Geselligkeit führen, muß man sich fragen, ob in dieser Hinsicht schon Fähigkeiten und Kenntnisse vorhanden sind. Vieles muß erst erlernt werden, weil es verschüttet ist und keine Gelegenheit zur Entfaltung gegeben war.

Der Begriff der „Anmutung" mag vielleicht etwas antiquiert erscheinen. Jugendliche können jedoch nur zu dem motiviert werden, was sie auch gefühlsmäßig wollen; sie stimmen nur dem zu, was ihnen Spaß macht.

Die Darstellung der anthropologischen Pyramide läßt die Ziele von Erziehung erkennen, die auch für Jugendarbeit relevant sind und eine Antwort auf die Sinnfrage geben. Die einzelnen Elemente der Dimensionen führen zum Werk, zur Lebensgestaltung, zur Tat. Dahinter steht die Überlegung, daß die kognitive Dimension der Daseinserhellung, die psychomotorische der Daseinsbewältigung, die affektive der Daseinserfüllung dient. Übertragen auf Jugendarbeit besagen diese Überlegungen, daß es darum gehen sollte:

– durch Reflexion zur Daseinserhellung,
– durch Handeln zur Daseinsbewältigung und
– durch Anteilnahme zur Daseinserfüllung

zu gelangen. Hier werden grundlegende Erziehungsziele für Jugendarbeit genannt.

---

[39] *P. Jansen:* Anthropologie und sprachliche Verständigung. Kamp Verlag. Bochum 1978, 61-65.

6 Pädagogisches Feld

Unter einem pädagogischen Feld versteht man die Einheit aller im Erziehungsprozeß wirkenden Zielvorstellungen, gesellschaftlichen Einrichtungen, Gruppen, Personen, Inhalte und Methoden. Über diese Einflußfaktoren muß der Jugendarbeiter informiert sein, will er realistisch planen und handeln.

Das pädagogische Feld der Jugendarbeit kann man wie folgt beschreiben: Im Mittelpunkt eines Erziehungsprozesses stehen die pädagogischen Interaktionen und Kommunikationen zwischen Erzieher und Lernenden. Dieser Prozeß findet in einem soziokulturellen Umfeld statt, d. h. der Erziehungsprozeß wird von bestimmten gesellschaftlichen Gruppen geprägt.

Der Jugendarbeiter selbst wird in seinem Verhalten bestimmt durch

– seine Einstellungen, Erfahrungen, Fähigkeiten, Erwartungen, Bedürfnisse und Interessen etc.,
– gesellschaftliche Institutionen, Ziele, Normen, Inhalte von Organisationen etc.,
– seine Ausbildung, seinen Berufsstand und sein Selbstbild,
– durch die Vielzahl der Medien.

Der Jugendliche wird in seinem Verhalten ebenfalls bestimmt durch

– seine Lebensgeschichte, Begabung, Einstellungen, Motive, Bedürfnisse, Interessen etc.,
– die Erziehung in seiner Familie, durch Institutionen, Ziele, Normen etc.,
– die Einflüsse und Erziehung durch die Gleichaltrigen,
– die Einflüsse der Medien.

Der pädagogische Lehr-Lern-Prozeß ist abhängig von Bedingungen der konkreten Erziehungseinrichtung, d. h. von der Jugendarbeit.

Diese Faktoren muß der Jugendarbeiter bei der Erstellung eines didaktisch-methodischen Konzeptes berücksichtigen, wenn er seine Aufgaben realistisch planen, durchführen und reflektieren will. Folgendes Schaubild soll dies noch einmal verdeutlichen:

Pädagogisches Feld[40]

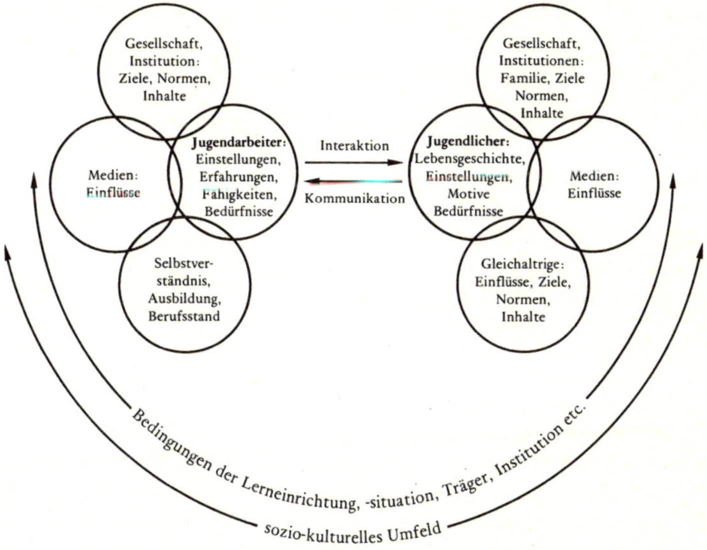

40 *H. Schiefele/W. Tröger (Hrsg.):* Pädagogik II. Telekolleg für Erzieher. TR-Verlagsunion. München 1973, 28.

7 Abstraktionsgrade von Lernzielen

Wie werden Lernziele formuliert? Ein Lernziel beschreibt die Verhaltensänderung, die jemand zeigen soll, wenn er gelernt hat. Lernziele kann man in drei Bereiche aufteilen: *Person – Inhalt – Verhalten.*

Beispiel:

– Jugendliche sollen die Theke (Inhalt, Thema) bedienen können (Verhalten)

– Jugendliche sollen Spiele (Inhalt, Thema) verwalten können (Verhalten)

– Jugendliche sollen Rauchen (Inhalt, Thema) einstellen können (Verhalten).

Es gibt *explizite* und *implizite* Lernziele. Unter einem *impliziten* Lernziel versteht man ein unausgesprochenes, unter einem *expliziten* Lernziel ein ausdrücklich formuliertes Ziel. Diese Unterscheidung der Ziele korrespondiert mit der Aufteilung von Lernen in funktionales und intentionales Lernen. Jugendliche sollten wissen, welche Ziele der Jugendarbeiter (pädagogisch reflektierte Intentionen) mit einer Aktion, einem Unternehmen etc. verfolgt. Es wird jedoch auch viele Situationen geben, in denen der Jugendarbeiter implizite Zielvorstellungen (naive Intentionen) hat. Es ist nicht immer ratsam und möglich, mit Jugendlichen über die angestrebten Ziele zu sprechen. Jedoch sollte sich der Jugendarbeiter seiner Ziele soweit bewußt sein, um bei Bedarf darüber sprechen und Auskunft geben zu können. Bei einer Didaktik der Jugendarbeit allerdings kann es nur um intentionales Lernen und explizite Lernziele gehen.

Lernziele können auf unterschiedlichem Abstraktionsniveau formuliert werden. Man unterscheidet:

1. Lernziele hohen Abstraktionsniveaus: *Richtziele*
2. Lernziele mittleren Abstraktionsniveaus: *Grobziele*
3. Lernziele niedrigen Abstraktionsniveaus: *Feinziele*

Richtziele sind allgemein formulierte Lernziele, die viele Interpretationen zulassen. Bei ihnen besteht die Gefahr, daß sie leerformelhafte Aussagen sind, also ohne Inhalt.

Grobziele sind eine nähere Umschreibung der Richtziele, sie lassen aber auch weitere Interpretationen zu.

In theoretischen Modellen können nur auf der Richt- und Grobzielebene Ziele formuliert werden.[41] Der Einwand, daß Ziele in

---

[41] *U. Sielert:* Emanzipatorische Jugendarbeit. Schindele Verlag. Rheinstetten, 1976, 101.

theoretischen Modellen zu allgemein formuliert sind, ist nicht als Kritik zu verstehen, sondern als notwendige Folge vom Verständnis von Richt- und Grobzielen.

Feinziele geben eine genaue Beschreibung dessen an, was gelernt werden soll. Feinziele können methodisch umgesetzt werden, d. h. sie sollten so konkret formuliert sein, daß man weiß, mit welchen Methoden sie erreicht werden können.[42]

Die Überlegungen zu den Lernzielen lassen sich in folgender Graphik zusammenfassen:

Abstraktionsgrade von Zielen

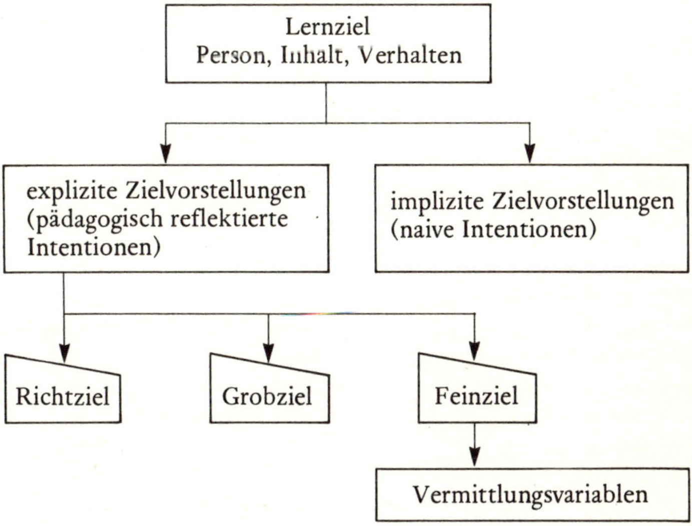

Viele Ziele sind nicht konkret genug formuliert, so daß sie sich nicht umsetzen lassen. Jugendarbeiter müssen lernen, Ziele richtig zu formulieren. Dieser Forderung liegen folgende Annahmen zugrunde:

– Werden Ziele nicht deutlich und klar auf einer Abstraktionsebene beschrieben, ist es auch nicht möglich zu prüfen, ob sie erreicht wurden.

---

42 *G. Edelmann/Chr. Möller:* Grundkurs Lernplanung. Beltz Verlag. Weinheim 1976, 15-48; *H. Meyer:* Trainingsprogramm zur Lernzielanalyse. Athenäum Verlag. Frankfurt 1978, 37-56.

– Häufig werden von Praktikern Ziele als zu theorielastig abgelehnt. Handelt es sich um ein Richtziel, wie z. B. das der Emanzipation, muß es in Grob- und Feinziele umgesetzt (operationalisiert) werden. Nur auf dieser Ebene werden Ziele praxisrelevant.
– Der Vorwurf der Jugendarbeiter, mit Jugendlichen sei nichts anzufangen, müßte eigentlich die Jugendarbeiter selbst treffen. Weil sie ihre Ziele oft zu hoch oder zu allgemein und nicht als Feinziele formuliert haben, können Jugendliche auch nicht durch Lernen zu Verhaltensänderungen geführt werden.
– Frustrationen des Jugendarbeiters lassen sich vermeiden, wenn er gelernt hat, Feinziele zu formulieren. Ein Feinziel, das sich aus Erziehungs- und Handlungsziel zusammensetzt, ist in der Regel erreichbar.
– Jugendlichen wird insofern Unrecht getan, weil Jugendarbeiter es vielfach unterlassen, ihre Zielvorstellungen konkret zu formulieren.

Jugendarbeiter sollten sich darin üben, Ziele auf verschiedenen Abstraktionsebenen ohne Schwierigkeit zu formulieren. Ich betone, daß dies gelernt und trainiert werden muß.

8 Planung

Ziele finden ihre Bedeutung innerhalb eines Konzeptes, eines Plans.[43] Entsprechend den Abstraktionsebenen der Ziele kann man auch die Planung unterteilen in
– langfristige Planung
– mittelfristige Planung
– kurzfristige Planung.

Setzt man in einem Jugendclub z. B. das Ziel, keinen Alkohol mehr auszuschenken, muß man ein Konzept entwerfen, wie man kurz-, mittel- und langfristig dieses Ziel erreichen kann. Es ist nicht sinnvoll, eine Clubsatzung zu verfassen, in der von heute auf morgen Alkohol verboten wird.

Es wird damit deutlich, daß bei der Planung immer auch die Frage nach dem *Zeitfaktor* gestellt werden muß. So leicht sich diese Forderung auch anhören mag, so schwer fällt es, im konkreten Fall den Zeitaspekt zu berücksichtigen. Jugendarbeiter bedenken die Frage zu wenig, in welchem Zeitraum Jugendliche ein

---

[43] *J. Schilling:* Praxismodell kirchlicher Jugendarbeit, in: Katechetische Blätter 10/1972, 606-621; *Spiegelberg, R.:* Problemorientierte Planung offener Jugendarbeit im Stadtteil, in: Neue Praxis, 1/1982, 68-90.

bestimmtes Verhalten, eine bestimmte Qualifikation erlernen können. In disesem Zusammenhang läßt sich ähnliches sagen, was bereits über die Formulierung von Zielen betont wurde: Man lernt nicht in großen, sondern in kleinen Schritten. Wobei der Zeitraum, innerhalb dessen das Ziel erreicht werden soll, gleichfalls berücksichtigt werden muß. *Zielformulierung und Zeitangabe korrespondieren.* Ein Konzept umfaßt:

– Ziele und Methoden, die sich auf die verschiedenen Seinsweisen des Menschen beziehen
– Zielformulierungen auf verschiedenen Abstraktionsebenen
– Zeitperspektive.

Diese Überlegungen lassen sich in folgendem Schema, das ich *Struktur eines Konzeptes* nennen möchte, zusammenfassen.

Struktur eines Konzeptes

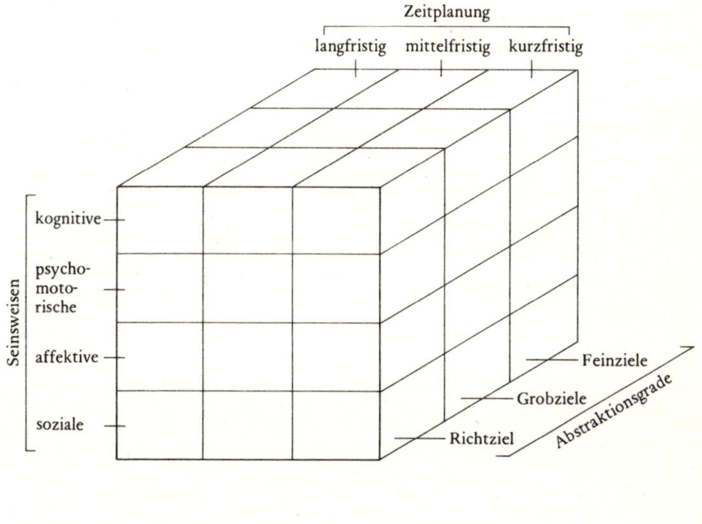

Damit wird deutlich:

– Ziele beziehen sich auf Personen, die im kognitiven, psychomotorischen, affektiven und sozialen Bereich lernen sollen.
– Ziele lassen sich in die Kategorien Richt-, Grob- oder Feinziele unterteilen, sie haben einen bestimmten Abstraktionsgrad.
– Ziele müssen im Hinblick auf Zeiteinheiten gesetzt werden. Die

zur Verfügung stehende Zeit beeinflußt die Festlegung der Ziele auf einem entsprechenden Abstraktionsgrad.

Jeder Jugendarbeiter hat eine Vorstellung von Kultur, Gesellschaft und vom Menschen. Ziele werden von diesen Vorstellungen und den Bedingungen des pädagogischen Umfeldes geprägt. Er faßt sie in ein pädagogisches Konzept und formuliert daraus konkrete Ziele. Sie beziehen sich auf eine konkrete Situation im Alltag der Jugendarbeit. Es kann allerdings auch sein, daß der Jugendarbeiter umgekehrt von einer konkreten Situation ausgeht, Ziele formuliert, die seinem Konzept entsprechen.

Ähnliches kann man nun auch vom Jugendlichen sagen. Auch er hat eine bestimmte Vorstellung von der Gesellschaft und vom Menschen. Auch er unterliegt den Bedingungen des pädagogischen Feldes. Aus diesen Faktoren heraus entstehen seine Handlungsziele, die sich auf den konkreten Alltag in der Jugendarbeit beziehen bzw. umgekehrt, er nimmt eine konkrete Situation zum Anlaß, Ziele zu formulieren, die in sein Konzept passen. Diese Überlegungen werden in folgender Graphik zusammengefaßt:

Bedingungsfaktoren

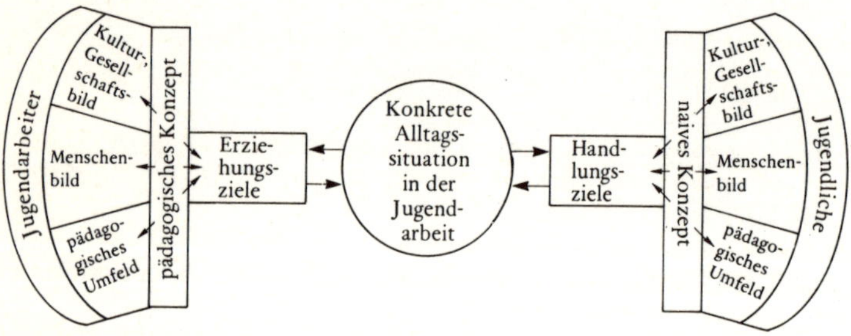

9 Beispiele aus der Praxis

9.1 Beispiel

Im folgenden sollen einige Beispiele angeführt werden, wie das Richtziel „Emanzipation" in der Jugendarbeit konkret umgesetzt werden kann. Dabei ist zu berücksichtigen, daß das Lernziel Emanzipation hier nur auf der Richt- und Grobzielebene formuliert werden kann. Feinziele können nur aus der konkreten Lebenssituation der Jugendlichen heraus erarbeitet werden.

• *Uwe Sielert*[44]

Er formuliert Richt- und Grobziele zum Thema Emanzipation. Es sollen hier nur die *Richtziele* erwähnt werden, da die Formulierung der Grobziele bei ihm einen breiten Raum einnimmt.

„Fähigkeit und Bereitschaft, die im kapitalistischen Wirtschaftssystem angelegten Strukturen sozialer Ungleichheit und die damit zusammenhängenden Herrschaftsverhältnisse zu durchschauen und die eigene Position im gesellschaftlich bedeutendsten Bereich, den Produktionsverhältnissen, bewußt zu erkennen.

Fähigkeit und Bereitschaft zur Einflußnahme auf die bestehenden Herrschaftsstrukturen durch solidarisches Engagement in sozialen und politischen Aktionen mit dem Ziel der Überwindung sozialer Unterprivilegierung in unserer Gesellschaft durch die gerechte Verteilung von Produktionsmitteln, Macht und Information.

Fähigkeit und Bereitschaft, sich und anderen durch den Abbau von gesellschaftlichen Zwängen im Freizeit- und Konsumsystem Genußmöglichkeiten zu schaffen, sowie durch Bereitstellung neuer Alternativen das Handlungspotential und echte Wahlmöglichkeiten zu vermehren.

Fähigkeit und Bereitschaft, die bestehenden Sozialisationsagenturen Familie, Schule, Betrieb und Jugendarbeit kritisch zu hinterfragen im Hinblick auf ihre Funktion für die Gesellschaft sowie in ihnen in Solidarität mit anderen eigene und gemeinsame Interessen durchzusetzen.

Fähigkeit und Bereitschaft, in verschiedenen Bezugsgruppen mitzuarbeiten, sich den Gruppenanforderungen zu stellen, Identitätskrisen auszuhalten sowie im herrschaftsfreien Dialog mit anderen Möglichkeiten zur emotionalen Stützung, zur Veränderung und Erweiterung der Ich-Identität auszunutzen, wie auch anderen zuzugestehen und zu erleichtern.

Fähigkeit und Bereitschaft, Konflikte in der Gesellschaft und im Sozialisationsprozeß als funktional zur Stärkung des sozialen, politischen und moralischen Bewußtseins zu erkennen und sich mit einer geeigneten Konzeption an der Austragung von Konflikten zu beteiligen.

Fähigkeit und Bereitschaft zum Aufbau herrschaftsfreier Kommunikation durch Abbau von Ausbeutung und Sich-Einüben in Wechselseitigkeit sowie zur Vermehrung des Experimentier- und Planungsverhaltens zwecks Ich-Stärkung im zwischen-menschlichen Intimbereich.

---

[44] *U. Sielert:* Emanzipatorische Jugendarbeit. Schindele Verlag. Rheinstetten 1979, 101-123.

Fähigkeit und Bereitschaft, die Notwendigkeit des lebenslangen, selbstbestimmten Lernens sowie die dazu erforderliche Vermehrung von kognitiver, emotionaler und technologischer Kommunikation mit anderen zu erkennen und zu realisieren."

• *Harald Hottelet*[45]

Grobziel (Richtziel, d. Verf.) der offenen Jugendhilfe: Die Selbstverantwortliche Persönlichkeit.
Teilziele (Grobziele, d. Verf.) für den Weg zur Mündigkeit:
– Selbstverwirklichung und Selbstbestimmung (Autonomie)
– Zusammenarbeit und Solidarität (Soziabilität)
– Leistungsfähigkeit (Produktivität)
– Humane Liebesfähigkeit (Sexualität)
– Phantasie und Selbstbesinnung (Kreativität)
Hottelet u. a. verwenden hier die Begriffe Grob- und Teilziele in einem Sinne, der verwirrend und vielfach Anlaß für Mißverständnisse ist. Die von ihnen angegebenen Ziele sind Richt- und Grobziele.

• *Bernd Fittkau*[46] (siehe Seite 90/91).

[45] *H. Hottelet u. a.:* Offensive Jugendhilfe. Klett-Verlag. Stuttgart 1978, 58.
[46] *B. Fittkau u. a.:* Kommunikations- und Verhaltenstraining. Verlag Dokumentation. München 1977, 21-23.

9.2 Beispiel

Ein Jugendarbeiter beobachtet seit langem einen Jugendlichen im Jugendhaus, der viel Bier trinkt. Als sich eine günstige Situation ergibt, bittet ihn der Jugendarbeiter zu einem Gespräch in sein Büro. Dort versucht er den Jugendlichen davon zu überzeugen, wie schädlich und gefährlich Alkoholkonsum ist. Nach einem langen intensiven Gespräch hat der Jugendarbeiter den Eindruck, der Jugendliche erkenne die Gefahren und sei auch bereit, sein Verhalten zu ändern.
Nach diesem Gespräch kehrt der Jugendliche in seine Clique zurück. Als erstes bestellt er sich eine Flasche Bier, die er in wenigen Zügen austrinkt. Der Jugendarbeiter stellt fest, daß der Jugendliche sein Verhalten nicht ändert. Der Einfluß der Clique hat eine Verhaltensänderung nicht ermöglicht.

Fragen
1. *Wieso kann der Jugendliche sein Verhalten kaum ändern?*
2. *Wodurch ist der starke Einfluß der Clique auf Jugendliche begründet?*
3. *Was müßte der Jugendarbeiter berücksichtigen, will er das Verhalten eines einzelnen Cliquenmitgliedes ändern?*

9.3 Beispiel

Im Jugendhaus gibt es eine Schlägerei. Einige Jugendliche holen den Jugendarbeiter, der daraufhin die Situation kritisch beobachtet. Er greift ein, indem er die streitenden und schlagenden Jugendlichen zur Fairneß ermahnt: „Starke schlagen nicht Schwache.“ „Drei auf einen ist unfair.“ „Fair ist nur, wer mit gleichen Mitteln kämpft.“

Fragen
1. *Worum geht es dem Jugendarbeiter?*
2. *Welche Werte stehen hinter seiner Entscheidung?*
3. *Warum greift er nicht direkt ein?*

Ein direktes Eingreifen des Jugendarbeiters ist nicht angebracht, auch wenn er es vielleicht spontan möchte. Vielmehr sollte er sich zunächst die Frage nach seiner Kompetenz und Autorität stellen. Besitzt er in der konkreten Situation das eine oder das andere nicht, wird er die Schlägerei nicht beenden können. Es könnte

Übergreifendes Erziehungs- und Trainingsziel (Richtziel, d. Verf.): Emanzipation

übergreifendes Erziehungs- und Trainingsziel: *Emanzipation*	kognitive Ziele	emotionale Ziele	Ziele in Sozialverhalten und Kommunikationstechniken
individuelle Emanzipation	• Erkenntnis der eigenen Stellung, Abhängigkeiten und Dispositionsbefugnisse und Entscheidungsfreiräume am Arbeitsplatz, in Familie und Freizeit • Einsicht in die Bedeutung der sozialen Umwelt (Schichtzugehörigkeit) für die Entwicklung u. a. von Sprache, Intelligenz, Motivation • Einsicht in die Bedeutung kognitiver, emotionaler und sozialer Ziele und Fähigkeiten zur befriedigenden Bewältigung der Umwelt • Erwerb hinreichender Intelligenz, Kreativität, technisch-naturwissenschaftlichen Wissens • Überzeugung und Engagement, daß freiheitlich-demokratisch-soziales Verhalten in allen Gruppen praktiziert werden sollte • . . .	• Sensitivierung für die eigenen (unsozialen) Gefühle, Interessen, Probleme (wie Machtwünsche, Perfektionsanspruch, Ängste, Aggressivität, Rigidität, Minderwertigkeitsgefühle) • Sensitivierung für die Interessen anderer • Sensitivierung für die Auswirkung des eigenen Verhaltens auf andere • Abbau von Fassaden, Erhöhung der Echtheit • Ambiguitätstoleranz • genügendes Selbstwertgefühl, innere Autonomie • Fähigkeit zur Entwicklung eines „Wir-Gefühls“ in Gruppen • Fähigkeit zu emotional befriedigenden Erlebnissen aus Zärtlichkeit-Sexualität, Kunst, Natur • Sensitivierung für mehr oder weniger angemessenes Sozialverhalten • . . .	• partnerzentriertes Sozialverhalten (auf den anderen eingehen, Verständnis für den anderen zeigen, aktives Zuhören) • Fähigkeit der Verbalisierung eigener Interessen, Gefühle und Meinungen gegenüber anderen • demokratisches Gruppenleiterverhalten • demokratisches Konfliktregelungsverhalten • Kooperationsfähigkeit • freiheitlich-demokratisch-soziales, emanzipationsförderndes Erzieher-/Lehrerverhalten • Fähigkeit, emanzipationsfördernde Informationen mündlich und schriftlich verständlich zu vermitteln • . . .

gesellschaftliche Emanzipation	• Erkenntnis, daß die Subsysteme unserer Gesellschaft demokratisiert werden müssen, damit die Gesamtgesellschaft demokratisch wird • Erkenntnis der Bedeutung ökonomischer Interessen und Verhältnisse für Handeln und Handlungsfreiraum • Erkenntnis, daß eine primäre Orientierung am kurzfristigen Gewinn gegen innerpsychische Bedürfnisse der Individuen (Folge: krankhafter Ehrgeiz, extreme Entfremdung und Fremdbestimmung) und gegen gesamtgesellschaftliche Interessen verstößt (Folge: Umweltverschmutzung, Unwohnlichkeit der Städte, stark ungleiche Vermögensverteilung und Bildungschancen, Konzentration bei den Meinungsbildnern) • Erkenntnis, daß eine freiheitlich-demokratisch-soziale Weiterentwicklung unserer Gesellschaft z. T. gegen die kurzfristig-egoistischen Interessen der heute Privilegierten verstößt und daß die demokratischen Interessen nur durch eine entsprechende, organisierte (Partei) politische Interessenvertretung eine Realisationschance haben • . . .	• Sensitivierung für die sog. öffentliche Meinung • Sensitivierung für bestehende Interessen, Wünsche, Ängste größerer Gruppen der Gesellschaft • Sensitivierung für gesellschaftliche Normen, Stereotypen, Tabus • Sensibilisierung für soziale Ungerechtigkeiten • innere Überzeugung und Optimismus der Änderbarkeit von gesellschaftlichen Bedingungen, keine resignative Schicksalsgläubigkeit (Prinzip Hoffnung) • . . .	• Fähigkeit der Organisation von Interessenvertretungsgruppen (Bürgerinitiativen) • Mitarbeit in Organisationen, die freiheitlich-demokratisch-soziale Interessen und Ziele vertreten • Solidarität • Fähigkeit zur Innovation in der eigenen Institution (Verbündete finden, Innovationsplanung etc.) • . . .

sogar das Gegenteil eintreten: er könnte seine Autorität verspielen und in die Schlägerei mit einbezogen werden. Um diese Situation zu bewältigen, muß er sich folgende Fragen stellen:

1. Bin ich kompetent, bin ich gegenüber den Streitenden Autorität? Wenn ja, kann er unmittelbar eingreifen. Wenn nein, muß er sich weiter fragen:
2. Gibt es unter den anwesenden Jugendlichen jemanden, der genügend Autorität besitzt, um eingreifen zu können, z. B. ein Cliquenchef? Wenn ja, dann sollte er diesen eingreifen lassen. Wenn nein, kann er folgende Regelung treffen:
3. Die Parteien sollen fair bleiben. Diese Forderung gehört in den Ehrencodex vieler Cliquen und Banden. Deshalb mag er in seinem Hinweis eine Chance sehen, den Konflikt auf diese Weise zu lösen.

10 Einwände und Fragen

10.1 Werte und Normen

Es klingt zwar einsichtig, daß man seine eigenen Werte und Normen und die der Jugendlichen reflektieren sollte, es ist jedoch leichter gesagt als getan. Es dürfte bereits sehr schwierig sein, die eigenen Werte und Normen zu erkennen, geschweige denn die von anderen. Werte und Normen erkenne ich nicht direkt durch beobachten, ich kann nur indirekt aus Verhaltensweisen auf sie schließen. Diesen Vorgang halte ich nicht nur für schwierig, sondern auch für sehr bedenklich.

Ich will noch einmal Argumente dafür anführen, warum es wichtig ist, sich der Werte und Normen im Erziehungsprozeß bewußt zu sein.
Der Jugendarbeiter hat Werte und Normen. Sie geben ihm einerseits Sicherheit und Halt im Handeln, andererseits ist er als Person besser einzuschätzen, man weiß, woran man ist. Dies ist die positive Seite. Ist sich der Jugendarbeiter jedoch seiner Werte und Normen nicht bewußt, d. h. reflektiert er sie nicht, kann das zu folgenden Situationen führen:
– Er versteht andere Menschen mit anderen Werten nicht; er kann ihr Verhalten nicht richtig einschätzen, weil er es eventuell ablehnt.

– Er kann sich selbst nicht ändern, seine im Erziehungsprozeß wenig förderlichen Eigenschaften ablehnen, korrigieren.
– Er kann sich nicht emanzipatorisch verhalten, d. h. seinem eigenen Verhalten kritisch gegenüberstehen und sich selbst als eine an sich arbeitende Persönlichkeit verstehen.
Es geht also nicht um die Forderung, sich ständig über sein Wertesystem Gedanken zu machen, sondern Ziel dieser Überlegung ist es, als Verantwortlicher im Erziehungsprozeß sich über sein Verhalten Gedanken zu machen, um eventuell Jugendliche nicht auch negativ zu beeinflussen.
Eine solche Reflexion wird besonders dann vonnöten sein, wenn der Jugendarbeiter erkennen muß, daß er der Verwirklichung seiner Ziele nicht näher kommt und er deshalb vielfach von den Jugendlichen enttäuscht ist. In solchen Situationen muß der Jugendarbeiter in besonderer Weise nach seinem Wertesystem und dem der Jugendlichen fragen.
Auch hinsichtlich der vermuteten Handlungsziele Jugendlicher ist es wichtig, darüber nachzudenken, welche Werte und Normen diese Jugendlichen haben. Eine solche Kenntnis wird dazu führen, Ziele zu formulieren, die realisierbar sind.

10.2 Funktionales und intentionales Lernen

Lernt man mehr funktional oder mehr intentional?

Man sollte die intentionalen Lerneinrichtungen und ihre Lernerfolge nicht überbewerten.
Hieraus ergibt sich für den Jugendarbeiter, daß er sich zum Ziel setzt, die unbewußten Lernprozesse zum Gegenstand der gemeinsamen Reflexion zu machen. Dadurch mag der einzelne dahin geführt werden, sich aus selbstverschuldeter Abhängigkeit zu befreien, eine Haltung, die für emanzipatorische Jugendarbeit wichtig ist.
Für den Bereich der Didaktik muß man jedoch sagen: Didaktik der Jugendarbeit bezieht sich nur auf intentionales Lernen. Wo Jugendarbeiter bewußt zielgerichtet arbeiten und bewußt Lernen initiieren, dort sollte dieser Lernprozeß nach didaktisch/methodischen Prinzipien konzipiert und durchgeführt werden.

10.3 Die Seinsweisen des Menschen

Hinsichtlich der anthropologischen Pyramide kann man der Meinung sein, daß in der Jugendarbeit nur die affektive, motorische und soziale Dimension berücksichtigt werden sollte. Da in der Schule überwiegend der kognitive Bereich des Menschen angesprochen wird, müßte Jugendarbeit praktisch einen Gegenpol bilden.

In der Schule wird in der Tat einseitig der Verstand gefördert unter Vernachlässigung der anderen Seinsweisen des Menschen.
Für Jugendarbeit ist jedoch festzuhalten: Die einseitige Betonung der kognitiven Seite durch die Schule darf Jugendarbeit nicht zu dem Ziel verleiten, nur Korrekturfunktionen zu übernehmen. Jugendarbeit ist eine eigenständige Erziehungsinstitution und sollte in ihren Konzepten die Förderung aller Seinsweisen des Menschen anstreben und sich nicht degradieren lassen als Hilfsinstitution für die Schule. Jugendarbeit hat in der Vergangenheit viel zu sehr auf die Schule geschielt und dabei ihre Eigenständigkeit aufgegeben, anstatt den Mut zu haben, der Schule ihr Versagen vor Augen zu führen und sie dazu zu bewegen, ihre Fehler selbst zu beheben. Jugendarbeit sollte offensiv sein.
Der Denkprozeß in der Jugendarbeit ist ein anderer als in der Schule. Insofern sollte man nicht aufgrund der Einseitigkeit in der Schule mit einem anderen Extrem in der Jugendarbeit reagieren.
Es ist jedoch angebracht, den Expansionsdrang der Schule deutlich einzuschränken und nicht zuzulassen, daß die Gesellschaft noch mehr verschult wird. Das Heil liegt nicht allein in der Schulbildung.

10.4 Formulierung von Zielen

Die Formulierung von Richt-, Grob- und Feinzielen mag für den Bereich der Schule gelten. Von dort weiß man, daß Lehrer ihre Unterrichtsstunden nach einem Schema vorbereiten, meist nur so lange sie in der Ausbildung stehen. Später hält sich kein Lehrer mehr an diese Regelung bzw. Empfehlung. Wenn das schon bei Lehrern der Fall ist, wird auch kein Jugendarbeiter nach einem Schema Ziele formulieren.

Die Frage ist hier nicht, wie handhaben Lehrer dieses Schema bzw. wie setzen sie ihr Wissen aus dem Studium um. Die Frage ist vielmehr, ob es sinnvoll ist, Richt-, Grob- und Feinziele für die eigene Arbeit zu formulieren. Es ist nicht nur wichtig, sondern es stellt die einzig sinnvolle Möglichkeit dar, so vorzugehen. Wer sich nicht der Mühe unterzieht, Grob- und Feinziele zu formulieren, wird sich und den Jugendlichen wenig helfen können, weil das, was er erreichen möchte, nicht klar formuliert ist. Viele Enttäuschungen auf beiden Seiten sind auf Fehler in der Zielformulierung zurückzuführen. Deshalb möchte ich hier noch einmal unterstreichen: Wer eingesehen hat, daß didaktisch-methodisches Handeln notwendig ist, der kommt nicht umhin, seine Ziele auch nach diesem Abstraktionsschema zu formulieren. Nur so läßt sich erzieherisch sinnvoll handeln.

11 Lernkontrolle

- *Sie sollten in bezug auf Erziehungsziele gelernt haben*

1. Was sind Werte, Normen?
2. Was sind Erziehungsziele?
3. Was versteht man unter Sozialisation?
4. Was versteht man unter Lernen?
5. Was ist eine anthropologische Pyramide?
6. Was versteht man unter einem pädagogischen Feld?
7. Welche Abstraktionsgrade von Lernzielen gibt es?
8. Welche Bedeutung kommt dem Zeitaspekt bei der Planung zu?

- *Sie sollten in der Lage sein, auf folgende Einwände bzw. Fragen antworten zu können*

1. Werte und Normen anderer können nur schwer erkannt werden. Deshalb sollte man bei der Beschreibung von Werten und Normen anderer zurückhaltend sein.
2. Wir lernen mehr funktional als intentional.
3. In der Jugendarbeit sollte mehr die affektive, psychomotorische und soziale Seinsweise des Menschen betont werden.
4. Die Formulierung von Richt-, Grob- und Feinzielen findet in der Praxis der Jugendarbeit wenig Anwendung.

12 Literatur

Aschauer, E.: Führung. Eine soziologische Analyse anhand kleiner Gruppen. Enke Verlag. Stuttgart 1970.

Benden, M. (Hrsg.): Zur Zielproblematik in der Pädagogik. Klinkhardt Verlag. Bad Heilbrunn 1977.

Brunnhuber, P./Zöpfl, H.: Erziehungsziele konkret. Ludwid Auer Verlag. Donauwörth 1975.

Edelmann, G./Möller, Chr.: Grundkurs Lernplanung. Beltz Verlag. Weinheim 1976.
Hamann, B.: Jugend im Blickfeld der Wissenschaft. Klinkhardt Verlag. Bad Heilbrunn 1982.
Hederer, J. u. a.: Pädagogik I. Telekolleg für Erzieher. TR-Verlagsunion. München 1974.
Heimann, P.: Didaktik als Unterrichtswissenschaft. Klett-Verlag. Stuttgart 1976.
Jansen, P.: Anthropologie und sprachliche Verständigung. Kampf Verlag. Bochum 1979.
Kösel, E.: Soziale Lernziele in der Schule. Otto Maier Verlag. Ravensburg 1979.
Krathwohl, D. R. u. a.: Taxonomie von Lernzielen im affektiven Bereich. Beltz Verlag. Weinheim 1975.
Lautmann, R.: Werte und Normen. Westdeutscher Verlag. Köln 1969.
Mager, R. F.: Motivation und Lernerfolg. Beltz Verlag. Weinheim 1978.
Meyer, H.: Trainingsprogramm zur Lernzielanalyse. Athenäum Verlag. Frankfurt 1978.
Möller, Ch.: Technik der Lernplanung. Beltz Verlag. Weinheim 1973.
Mollenhauer, K.: Theorien zum Erziehungsprozeß. Juventa Verlag. München 1972.
Schiefele, H./Tröger, W. (Hrsg.): Pädagogik II. Telekolleg für Erzieher. TR-Verlagsunion. München 1973.
Wallner, E.: Soziologie. Quelle & Meyer Verlag. Heidelberg 1975.
Weber, E.: Grundfragen und Grundbegriffe. Bd. 1. Ludwig Auer Verlag. Donauwörth 1975.
Wurzbacher, G. (Hrsg.): Der Mensch als soziales und personales Wesen. Enke Verlag. Stuttgart 1968.

4 Lern-Spiral-Modell

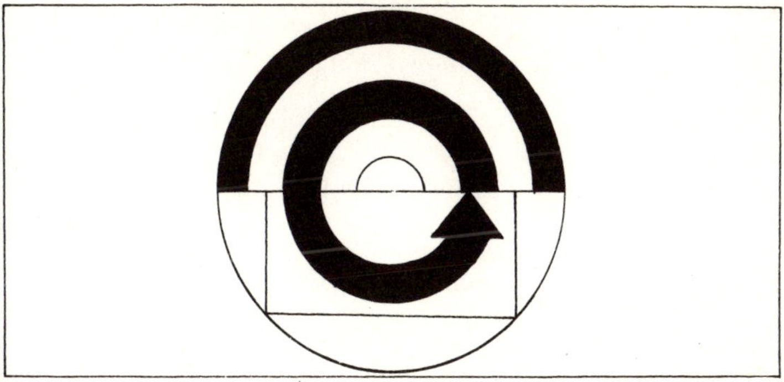

Ziele
Situation
Grundlegende Begriffe
Lern-Spiral-Modell
Beispiel aus der Praxis
Einwände und Fragen
Lernkontrolle
Literatur

1 Ziele

1.1 Grobziel

Ein Lern-Spiral-Modell kennenlernen, mit dessen Hilfe die Praxis der Jugendarbeit nach didaktisch-methodischen Gesichtspunkten besser geplant werden kann.

1.2 Feinziele

- Anhand eines Praxisbeispiels die vier Schritte pädagogischen Planens erkennen.
- Berufliche Kompetenz verstehen lernen.
- Elemente der ersten Ebene kennenlernen.
- Elemente der zweiten Ebene kennenlernen.
- Elemente der dritten Ebene kennenlernen.
- Elemente der vierten Ebene kennenlernen.
- Anhand von Praxisbeispielen die Richtigkeit und Notwendigkeit eines didaktischen Modells erkennen.
- Einwände gegen das didaktische Modell entkräften können.
- Zum Thema relevante Literatur nennen können.

2 Situation

2.1 Beispiel

Ein Gruppenleiter (Gruppenmitglieder 10-12 Jahre, nur Jungen) trifft seinen Freund. Dabei entwickelt sich folgendes Gespräch:

A: *Du machst aber auf Hektik. Was gibt es?*
B: *O Mann, ich bin im Streß. Ich habe heute abend Gruppenstunde. Ich bekomme es gar nicht auf die Latte, was ich noch alles machen soll.*
A: *Ist es so schlimm?*
B: *Du hast gut spotten. Kannst ja die Gruppe heute abend übernehmen. Mensch, das ist übrigens die Idee. Hör einmal, im Ernst: Könntest du für mich heute abend die Gruppenstunde halten? Ich fände das echt gut.*

A: *Ich glaube, dafür bin ich kaum geeignet. Du weißt, ich habe so etwas noch nie gemacht.*
B: *Kein Problem. Ich sage dir, was du wissen mußt, alles andere wird sich schon ergeben.*

2.2 Fragen

Versuchen Sie nun, folgende Fragen zu beantworten:

1. Welche Informationen muß der Freund vom Gruppenleiter erfragen, wenn er die Gruppenstunde übernehmen will?
2. Welche Fragen muß er sich selbst stellen, um sich entscheiden zu können?
3. Welche Elemente wird die Stundenplanung enthalten?

2.3 Interpretation des Beispiels

• Bevor sich der Freund entscheiden kann, muß er über die Gruppe nähere Informationen erhalten.
– Über die Gruppe: Z. B. 15 Jungen im Alter von 10-12 Jahren; Schulbesuch: Haupt-, Realschule und Gymnasium; Schichtzugehörigkeit der Eltern: überwiegend Mittelschicht; die Kinder sind sehr lebhaft und aktiv etc.
– Über den Gruppenleiter: Er versucht, die Gruppe möglichst kameradschaftlich und demokratisch zu leiten; die Gruppe soll aktiviert werden, sich selbst zu leiten, mitzubestimmen etc.
– Über das Programm: Die Gruppe spielt sehr gerne; am beliebtesten sind Ballspiele; zur Zeit versucht der Gruppenleiter, die Gruppe für Brettspiele zu begeistern etc.
– Über das Konzept: Richtziel ist die Selbständigkeit der Gruppenmitglieder; methodisch versucht er, dieses Ziel zu erreichen, indem er die Mitglieder möglichst selbständig die Gruppenstunde planen und auch durchführen läßt etc.
– Über den Raum: Der Gruppenraum gehört der Gruppe nicht alleine; er ist komfortabel eingerichtet; die Jungen gehen gerne an die Schränke und räumen diese aus.
– Über den Träger: Die Gruppe ist Mitglied in einem Jugendverband; die Gruppenstunde findet im Pfarrheim einer katholischen Gemeinde statt; der Pfarrer ist sehr aufgeschlossen und versteht gut, mit Kindern umzugehen etc.
– Über die Nachbarn: Sie sind von der Jugendarbeit nicht son-

derlich angetan; wenn die Kinder bei schönem Wetter draußen auf dem Vorplatz spielen, beschweren sie sich oftmals über den Kinderlärm etc.

- Nach diesen Informationen über die Gruppe muß der Freund sich nun weitere Fragen stellen: Traue ich mir zu, diese Gruppenstunde zu übernehmen? Kann ich mit Kindern in diesem Alter umgehen? Habe ich diesbezüglich Geschick und Erfahrungen? Kann ich die Programme, den Führungsstil des Gruppenleiters übernehmen und weiterführen? Habe ich ähnliche oder andere Vorstellungen von Jugendarbeit als der Gruppenleiter? Ist es sinnvoll, kurzfristig eine Gruppenstunde zu übernehmen? Ist es überhaupt zu begrüßen, wenn Gruppenleiter wechseln? Werden die Kinder einen anderen, fremden Gruppenleiter akzeptieren? Stimmen meine Ziele mit denen des Gruppenleiters überein ect.?
- Kommt der Freund nach diesen Überlegungen zu dem Entschluß, daß er die Gruppenstunde übernehmen wird, muß er sich Gedanken über die Gestaltung machen. Er muß sich fragen: Was will ich mit den Jungen tun? (Didaktik) Wie will ich die Ziele erreichen? (Methodik) Er erarbeitet sich also ein Konzept.
- Schließlich wird er sich nach der Gruppenstunde Gedanken machen: Wie war die Stunde? Habe ich meine Ziele erreicht? Wie habe ich mich verhalten? Haben die Jungen etwas gelernt? Habe ich etwas gelernt? Was werde ich dem Freund berichten? Habe ich den Kindern mitgeteilt, wie es mir gefallen hat, was mir aufgefallen ist?

Zusammenfassend kann man das Handeln in vier Schritte unterteilen:

1. *Informationen* über die Gruppe, den Träger, die Umwelt etc. sind notwendig (extern); über sich selbst, was er sich zutrauen kann, reflektieren (intern).
2. *Konzeption:* Didaktisch-methodische Überlegungen darüber, wie die Gruppenstunde konkret gestaltet werden soll.
3. *Aktion:* Durchführung der geplanten Gruppenstunde.
4. *Reflexion:* Was sich in der Stunde ereignet hat, muß anschließend reflektiert und ausgewertet werden.

3 Grundlegende Begriffe

In sozialpädagogischen und jugendpflegerischen Arbeitsfeldern wird die Frage nach der beruflichen Kompetenz intensiv diskutiert. Deshalb will ich hier der Frage nachgehen, was unter beruflicher Kompetenz zu verstehen ist. In der Fachliteratur[47] unterteilt man sie in:

- instrumentelle Kompetenz
- reflexive Kompetenz
- soziale Kompetenz
- Handlungskompetenz.

- Instrumentelle Kompetenz

Unter instrumenteller Kompetenz versteht man die Beherrschung von *Fähigkeiten, Fertigkeiten und Fachwissen.*

Die Reflexion über Fähigkeiten und Fertigkeiten könnte konkret z. B. dazu führen, daß man sich im Team die Frage stellt, wer am ehesten in der Lage ist, eine bestimmte Aufgabe zu übernehmen, ein Problem zu lösen, ein Gespräch zu führen. Nicht: Wer hat Zeit dafür, sondern: Wer ist dazu besonders befähigt?

Beispiel: Wird ein Jugendlicher trotz Alkoholverbots im Jugendhaus mit einem „Flachmann" angetroffen und bekommt deshalb Hausverbot, muß sich das Team fragen, wer mit dem Jugendlichen sprechen sollte, wer hat zu ihm ein gutes Verhältnis, auf wen hört er am ehesten? Von wem nimmt er ein Hausverbot an, ohne daß dadurch der Kontakt zu ihm abgebrochen wird? Vielleicht kommt das Team durch Fragen nach der instrumentellen Kompetenz in diesem konkreten Beispiel zu dem Ergebnis, daß niemand im Team kompetent ist, ein Hausverbot auszusprechen, daß aber Jugendliche da sind, die einen positiven Einfluß auf den Betreffenden haben und daß es deshalb sinnvoller wäre, diese würden mit ihm über das Hausverbot bzw. das Alkoholverbot sprechen.

Fachwissen ist eine weitere Voraussetzung. Je mehr Kenntnisse ein Jugendarbeiter besitzt, um so mehr kann er Jugendlichen helfen. Bei der Reflexion über die eigene fachliche Kompetenz muß man sich klar sein, daß sich Jugendarbeiter in der Praxis häufig übernehmen und selten Zeit für Weiterbildung haben. Dieses Überengagement kann sich langfristig gerade für diejenigen, für die man sich engagiert, nachteilig auswirken. Fortbildung ist für jeden Pädagogen notwendig.

---

[47] *R. Feldmann:* Fachkompetenz des Sozialpädagogen in der offenen Jugendarbeit, in: deutsche jugend 11/1981, 508-514; *K. Geißler/M. Hege:* Konzepte sozialpädagogischen Handelns. Urban & Schwarzenberg Verlag. München 1978, 242-248.

- Reflexive Kompetenz

Reflexive Kompetenz enthält zwei Schwerpunkte: *Sensitivierung* und *Kognitivierung.*
Unter *Sensitivierung* versteht man die Fähigkeit, für das Verhalten anderer empfänglich zu sein, wie auch die Fähigkeit, Verhalten zu analysieren und zu interpretieren. Es geht um die Fähigkeit, die *individuellen* und die *soziokulturellen Voraussetzungen* der Jugendlichen bei der Interpretation ihres Verhaltens zu berücksichtigen.
Unter *individuellen Voraussetzungen* bzw. Merkmalen versteht man Begabung, Interessen, Fähigkeiten, Fertigkeiten des Jugendlichen sowie sein Geschlecht, Alter, Körpergröße und -gewicht, körperliche Konstitution, Aussehen, Erscheinungsbild, Auftreten.
Unter *soziokulturellen Voraussetzungen* versteht man die Umwelt, die Lebenswelt, die Interaktions- und Kommunikationspartner der Jugendlichen. Junge Menschen möchten so wie sie sind beachtet und ernstgenommen werden. Will der Jugendarbeiter dem Jugendlichen gerecht werden, muß er ihn in seinem Sosein mit seinen individuellen und soziokulturellen Merkmalen akzeptieren, empfänglich sein für sein so geartetes Verhalten.
Aber nicht nur Jugendliche haben ihr individuelles, soziokulturelles Gepräge, sondern auch der Jugendarbeiter selbst. Darüber hinaus sollte er sich der Unterschiede bewußt sein, die u. U. zwischen seiner Sozialisation und der des Jugendlichen bestehen. In der Jugendarbeit entstehen in dieser Hinsicht in der Praxis häufig Probleme. Jugendarbeiter gehen von ihren Interessen aus und nehmen an, daß diese auch mit den Interessen der Jugendlichen übereinstimmen.
Dies zeigt auch, daß Jugendarbeiter ihre individuellen und soziokulturellen Voraussetzungen zum Wertmaßstab ihres Planens und Handelns machen und zu wenig Sensitivität entwickeln können.
Neben Sensitivierung bedarf der Jugendarbeiter im Zusammenhang mit seiner reflexiven Kompetenz auch der *Kognitivierung.* Darunter versteht man die Fähigkeit, die *gesellschaftliche Situation* und das *soziale Umfeld* zu reflektieren. Erziehung erfolgt in einer konkreten Gesellschaft. Jugend ist immer auch als „Produkt“ dieser Gesellschaft zu verstehen, d. h. Jugend ist ein biosoziales Phänomen. Wie Jugend definiert wird, ergibt sich demnach aus den spezifischen Bedingungen, insbesondere den *sozioökonomischen* und *kulturellen Verhältnissen* einer Gesellschaft. Will man Jugendlichen bei der Lösung ihrer Probleme helfen, kann dies nur erfolgen, wenn die individuell und gesellschaftlich be-

dingten Ursachen reflektiert werden. Beide Aspekte müssen bedacht werden. Sensitivierung bezieht sich mehr auf die Person, während Kognitivierung den Bereich der Kultur und Gesellschaft anspricht.

- Soziale Kompetenz

Zur sozialen Kompetenz gehören die Fähigkeiten der *Empathie* und der *Rollendistanz*.

Empathie besagt Einfühlungsvermögen. Jugendarbeiter müssen ein gutes Gespür haben, wie sie auf Jugendliche zugehen und ihnen helfen können. Vielfach sprechen Jugendliche nicht unmittelbar von ihren Problemen. Durch ihr Verhalten, ihre Kontaktaufnahme signalisieren sie, daß sie den Jugendarbeiter sprechen wollen. Im Gespräch kommt es darauf an, daß der Jugendarbeiter zwischen den Zeilen lesen (hören) kann, daß er sich in die Lage des anderen versetzen, ihn verstehen kann. Einfühlungsvermögen ist auch dann notwendig, wenn ein Rat erteilt werden soll, der den Jugendlichen nicht über- aber auch nicht unterfordert.

Empathie ist gleichzeitig mit *Rollendistanz* verbunden. Erst aus einer gewissen Distanz heraus kann dem einzelnen Rat und Hilfe gegeben werden. Hier werden in der Jugendarbeit häufig Fehler begangen. Man engagiert sich total für einen Jugendlichen. Dabei läuft der Jugendarbeiter leicht Gefahr, nicht mehr den Jugendlichen, sondern nur noch das Problem zu sehen. Vielfach besteht eine Identifizierung mit dem Problem, so daß der Jugendliche nicht mehr Subjekt sondern Objekt der Beratung wird. Viele Jugendarbeiter wollen um jeden Preis, meist um den Preis des Erfolges und der Selbstbestätigung, das Problem lösen, selbst dann noch, wenn der Jugendliche gar nicht mehr mitarbeiten will.

- Handlungskompetenz

Die drei vorausgegangenen Bereiche beruflicher Kompetenz fließen in diesen vierten Aspekt, das Handeln ein. Die Handlungskompetenz wird in zwei Bereiche eingeteilt: in den *intrapersonalen* und den *interpersonalen*. Diese beiden Bereiche drücken Freiheit und Grenzen der Handlungskompetenz aus.

Durch die instrumentelle, reflexive und soziale Kompetenz erwirbt der Jugendarbeiter eine innere Freiheit, die ihm auch in seinen Handlungen Freiheit gibt. Sind die beruflichen Fähigkeiten und Fertigkeiten nicht genügend ausgebildet, zeigen sie dem Jugendarbeiter die inneren (intrapersonalen) Grenzen seines Handelns auf.

Zum *interpersonalen* Bereich zählt das *berufliche Umfeld* des Jugendarbeiters, auf das ich bereits im 3. Kapitel dieses Buches (S. 80 f.) näher eingegangen bin. Jugendarbeit wird von vielen Faktoren beeinflußt. Es lassen sich folgende *Bedingungsfaktoren* für das Umfeld der Jugendarbeit nennen:

– *Gesellschaftliche Lage:* Wirtschaftskrise, Arbeitslosigkeit, Wohlstand, Krieg, Frieden, Unsicherheit.
– *Staat, Land, Kreis, Stadt:* Bereitstellung von Geldern und entsprechenden Verteilerschlüsseln für Zuschüsse.
– *Träger:* Bereitstellen von Finanzen, vor allem von Räumen und Personal sowie Erstellen von Satzungen und Bedingungen.
– *Eltern:* Vorstellungen und Erwartungen an Jugendarbeit und Jugendarbeiter.
– *Erwachsenengeneration:* Vorurteile gegenüber Jugendlichen, Vergleiche mit der Jugend von früher.
– *Nachbarn:* Klagen, Beschwerden, Anzeigen, Pressemitteilungen.
– *Gegner:* Personen, die besonders engagiert gegen Jugendarbeit vorgehen.
– *Presse:* Positive oder negative Einstellung und Berichterstattung.
– *Jugendliche:* Erwartung, Einstellung, Interessen, Bedürfnisse, Problemlage, Passivität, Aktivitäten, Aggressivität, Arbeitslosigkeit etc.
– *Jugendarbeiter:* Berufliche Kompetenz, didaktisch-methodisches Planen und Handeln, Ausbildung, Einstellungen.
– *Räume:* Ausgestaltung, Anzahl, Lage.
– *Ruf:* Vorfälle, Geschichte, Vergangenheit eines Hauses, Besucher etc.

Berufliches Umfeld (siehe folgende Seite)

Es gehört zur beruflichen Kompetenz eines Jugendarbeiters, seine Freiheiten und Grenzen zu kennen, sie zu analysieren, zu interpretieren und mit ihnen umzugehen bzw. zu leben. Er kann keine realistischen Konzepte erarbeiten, wenn er nicht diese Bedingungsfaktoren seines Arbeitsfeldes berücksichtigt.

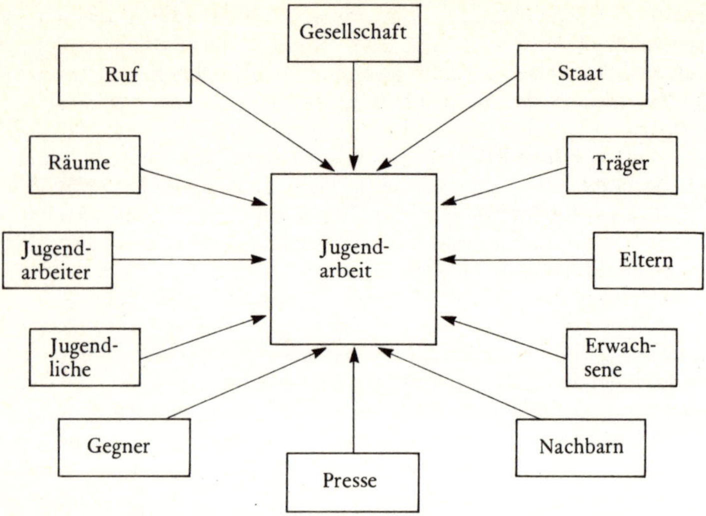

4 Lern-Spiral-Modell

Nachdem es in den vorausgegangenen Kapiteln um wichtige Fragen der Didaktik ging (Didaktik, Methodik, offenes Konzept, Theorie, Erziehungsziele, anthropologische Pyramide, pädagogisches Feld, berufliche Kompetenz), möchte ich mich nun der Frage zuwenden, wie ein didaktisches Planungsmodell für Jugendarbeit aussehen könnte. Das Beispiel machte deutlich, daß jedes pädagogische Handeln – bewußt oder unbewußt – in vier Schritten erfolgt. Für einen Pädagogen bzw. Jugendarbeiter, der Erziehungsabsichten hat, besagt dies, daß er bewußt nach diesen vier Plan-Schritten vorgehen sollte.
Das nun im folgenden vorgestellte *Lern-Spiral-Modell für Jugendarbeit* versteht sich als eine in einem Modell dargestellte Zusammenfassung mit dem Ziel, dem Praktiker für sein konkretes Planen und Handeln einen Rahmen zu geben. Die bereits behandelten Themen sollen in diesem Schema so zusammengefaßt werden, daß daraus für den Jugendarbeiter eine Plan-Hilfe entsteht, nach der er sein Konzept erstellen kann.
Das Lern-Spiral-Modell enthält folgende Elemente:
– Information
– Konzeption

– Aktion
– Reflexion.

Jedes dieser Elemente enthält für sich eine Reihe wichtiger Aspekte. Dabei geht es um folgende Themen:

1. Ebene: Information (1. Theoretische Kenntnisse; 2. Berufliche Kompetenz; 3. Ziele, Richt- und Grobziele).
2. Ebene: Konzeption (4. Feinziele; 5. Thema, Inhalt; 6. Vermittlungsvariablen, Methoden, Medien, Material).
3. Ebene: Aktion (7. Verhaltensänderung, Qualifikation).
4. Ebene: Reflexion (8. Auswertung; 9. Feedback).

• *Erste Ebene des Lern-Spiral-Modells: Information*

1. Theoretische Kenntnisse: Wir haben im zweiten Kapitel festgestellt, daß der Jugendarbeiter theoretische Kenntnisse bzw. Theorien ersten, zweiten oder dritten Grades besitzt. Wenn er nun ein Konzept erarbeitet, werden die theoretischen Kenntnisse die Voraussetzung dafür bilden. In vielen Fällen wird er darüber nicht sonderlich reflektieren, sondern aus Erfahrung und Gewohnheit heraus handeln. In anderen Situationen wird er sich bewußt mit theoretischen Ansätzen und Modellen befassen, weil er sich davon eine Klärung und Hilfe für sein Planen erhofft. In einem solchen Fall wird er etwa in folgenden Schritten vorgehen:

– Er wird bereits vage Vorstellungen von dem haben, was er planen möchte. Diese wird er reflektieren, ordnen und auf ihre Umsetzbarkeit überprüfen.
– Er wird Literatur zusammenstellen und diese lesen bzw. in Auszügen durcharbeiten.
– Er wird das Material aufarbeiten und sich ein Exzerpt machen. Am Schluß seiner theoretischen Überlegungen wird er eine Zusammenfassung erstellen, in der die wichtigsten Aussagen enthalten sind, die als Gliederung dienen.

2. Berufliche Kompetenz: Auf dieser Ebene geht es um eine allgemeine Klärung dessen, was eine erzieherische Beziehung ausmacht, durch welche Faktoren sie bedingt ist. Der Jugendarbeiter muß sich zuerst darüber bewußt werden, worauf seine berufliche Kompetenz begründet ist und wodurch sie begrenzt wird. Sodann muß er sich überlegen, was und warum er etwas möchte, d. h. er muß sich über seine Ziele Gedanken machen. Bevor der Jugendarbeiter zu planen beginnt, muß er also zunächst eine *Bedingungsanalyse* erstellen. Dazu gehören all die Überlegungen, die ich im vorigen Punkt dieses Kapitels ausgeführt habe (S. 101 ff.).

3. Ziele: Neben der beruflichen Kompetenz muß sich der Jugendarbeiter auf der ersten Ebene seines Planungsvorhabens über die Zielvorstellungen Gedanken machen und Informationen sammeln.
Es geht um Zielformulierungen auf hohem und mittlerem Abstraktionsniveau, d. h. um Richt- und Grobziele. Bei den Richtzielen muß man zwischen Richtzielen ersten Grades und Richtzielen zweiten Grades unterscheiden.
Richtziele ersten Grades sind ganz allgemeine Zielvorstellungen (Leitlinien oder Leitziele), die man mit Jugendarbeit verbindet. Dies könnten z. B. Ziele wie Emanzipation, Autonomie, Persönlichkeitsentwicklung, Demokratie etc. sein.
Richtziele zweiten Grades sind zwar ebenfalls allgemein formuliert, haben jedoch bereits einen direkten Bezug zur Praxis. Jedes Vorhaben des Jugendarbeiters kann ein Richtziel sein. Je nach Intention, d. h. Konzept, kann für den einen Jugendarbeiter das ein Richtziel sein, was für einen anderen ein Feinziel ist. Entscheidendes Kriterium dabei ist, in welchen Lernschritten Jugendliche etwas aufnehmen sollen und inwieweit sie motiviert sind und bereits Erfahrungen haben.
Beispiel: Für den einen Gruppenleiter ist ein Richtziel, Jugendliche dazu zu bringen, nach der Gruppenstunde ohne besondere Aufforderung den Gruppenraum aufzuräumen. Für einen anderen Gruppenleiter kann das ein Grobziel oder auch ein Feinziel sein, je nachdem, welche Erfahrungen und Lernschritte die Gruppe auf dieses Ziel hin in der Vergangenheit gemacht hat.
Bei der Erstellung eines Zielkatalogs kann man nach folgenden Schritten vorgehen:
Erster Schritt: *Sammlung* von Zielen, die einem zum Thema, Problem etc. einfallen. Dabei wird nicht nach dem Abstraktionsgrad der Ziele unterschieden.
Zweiter Schritt: *Beschreibung* der Ziele, d. h. man setzt sich näher mit den Zielen auseinander und fragt, was sie beinhalten.
Dritter Schritt: *Ordnung* der Ziele nach Richt-, Grob- und Feinzielen und nach ihrer inneren Logik.
Vierter Schritt: *Entscheidung* für Ziele, die Eingang in das Konzept finden sollen, die umsetzbar und für die entsprechende Situation geeignet sind.[48]
Weitere Ausführungen zu diesem Thema finden sich im 3. Kapitel des Buches (S. 82 ff.).

[48] *C. Möller:* Die curriculare Didaktik, in: *R. Winkel (Hrsg.):* Didaktische Theorien. Westermann Verlag. Braunschweig 1981.

• *Zweite Ebene des Lern-Spiral-Modells: Konzeption*

Nachdem auf der ersten Ebene (Information) allgemeine Grundkenntnisse und Voraussetzungen für ein planvolles erzieherisches Handeln diskutiert wurden, geht es nun um die konkrete Planung. Hier werden Fragen nach den konkreten Zielen, Inhalten, Methoden und Medien des Jugendarbeiters behandelt. Hier werden vor allem Überlegungen im Bereich der kurzfristigen Planung diskutiert.

4. Feinziele: Feinziele gehen in die kurzfristige Planung ein, d. h. Lernen wird in kleinen Schritten konkret geplant und ermöglicht. Hinsichtlich der Formulierung von Feinzielen muß der Jugendarbeiter zwei Faktoren berücksichtigen: 1. Bedürfnisse und Interessen Jugendlicher, 2. Lehr-/Erziehungs- und Handlungsziele.
– *Bedürfnisse und Interessen:* Bei der Formulierung von Zielen muß der Jugendarbeiter in erster Linie die Bedürfnisse der Jugendlichen berücksichtigen, entsprechend muß er sich über die Lebens- und Alltagswelt der betreffenden Jugendlichen Gedanken machen. Da jedoch kein Jugendarbeiter in die Haut Jugendlicher schlüpfen kann, können deren Bedürfnisse lediglich *hypothetisch* angenommen und formuliert werden. Deshalb wird vom Jugendarbeiter ein hohes Maß an Sensibilität erwartet. Der Jugendarbeiter versucht aus der Kenntnis der Lebenslage junger Menschen heraus, Ziele zu formulieren. Er muß aber auch bereit sein, diese spontan zu korrigieren oder zu modifizieren, falls er sich in der Einschätzung der Handlungsziele Jugendlicher getäuscht haben sollte.
Was Bedürfnisse sind und welche Bedürfnisse und Interessen Jugendliche haben, kann hier nicht behandelt werden. Diese Frage gehört in den Bereich der theoretischen Modelle. Der Jugendarbeiter, der bedürfnisorientiert arbeiten möchte, wird seine Zielformulierungen vom bedürfnisorientierten Modell ableiten.[49]
– *Lehr- bzw. Erziehungsziele und Handlungsziele:* Ziele in der Jugendarbeit sind eine Zusammenfassung dessen, was der Jugendarbeiter geplant hat (Erziehungsziel) und was die Jugendlichen beabsichtigen (Handlungsziel). Diese Synthese kann sehr spannungsgeladen sein, wenn z. B. die Handlungsziele der Jugendlichen nicht mit den Erziehungszielen des Jugendarbeiters vereinbar sind. Jugendliche unterlaufen nicht selten das Ziel des

---

[49] Ein Modell für bedürfnisorientierte Jugendarbeit findet sich in: *J. Schilling:* Der Jugendclub. Kösel-Verlag. München 1982.

Jugendarbeiters. Um hier zu einer größeren Übereinstimmung zu gelangen, dürfte es weder der richtige Weg sein, die Jugendlichen zu fragen, was sie wollen, noch wäre es richtig, anzunehmen, sie könnten sowieso nicht sagen, was sie wollten, sondern es sollte darum gehen, *Handlungssituationen* anzubieten, die die Jugendlichen herausfordern, ihre Bedürfnisse und Interessen anzumelden und mit neuen Situationen zu experimentieren und somit neue Lernerfahrungen zu erwerben.[50]

5. *Thema, Inhalt:* Feinziele zeichnen sich aus durch kurze und prägnante Formulierung. Ihr Inhalt muß selbstverständlich näher beschrieben und begründet werden. Setzt der Jugendarbeiter z. B. das Feinziel: „Jugendliche Besucher der Teestube sollen die vollen Aschenbecher selbst entleeren", beinhaltet diese kurze Formulierung eine Reihe von Fragen: Was will der Jugendarbeiter damit erreichen? Warum will er darauf achten? Was hat ihn dazu bewogen? Macht sich der Jugendarbeiter inhaltliche Gedanken über seine Ziele, legt er die Grundlage dafür, daß er über seine Intentionen wie über sein Verhalten kritisch reflektieren kann.
Das Thema läßt sich unterteilen in Thema im engen und weiten Sinn und Thema auf der Inhalts- und Beziehungsebene.
– *Thema im engen Sinn:* In der Jugendarbeit werden u. a. Veranstaltungen oder Programme angeboten, deren Themen klar umschrieben sind und mit denen man bestimmte Ziele verfolgen will. Hierunter fallen z. B.: Diskussionsrunden, Bildungsveranstaltungen, Lehrgänge, Kurse etc.
Ein Teil der Veranstaltungen in der Jugendarbeit wird in der Regel so geplant, daß man im Hinblick auf ein Ziel ein entsprechendes Thema auswählt und durch Werbung möglichst viele Teilnehmer anspricht. Dabei wird man sich u. a. die Frage stellen, welche Themen in den Erkenntnis-, Erlebnis- oder Handlungshorizont des Jugendlichen gebracht werden sollen. Geht es dabei um das Ziel der Daseinserhellung, Daseinserfüllung oder Daseinsbewältigung? Bei der Formulierung von Themen kommt es darauf an, daß diese möglichst genau das umschreiben, worum es geht; daß sie so gewählt sind, daß sie auch tatsächlich das Interesse Jugendlicher finden, daß sie durch ihre Formulierung den Jugendlichen motivieren, ihn ansprechen.
– *Thema im weiten Sinn:* Damit sind solche Aktivitäten gemeint, bei denen ein Ergebnis, eine Situation thematisiert, artikuliert,

---

[50] *H. Meyer:* Leitfaden zur Unterrichtsvorbereitung. Scriptor Verlag. Königstein 1980, 343-360.

benannt wird. Hier ist z. B. an Gespräche über soziale Verhaltensweisen Jugendlicher gedacht. In einer konkreten Situation wird eine Verhaltensweise zum Thema eines Gespräches mit dem Ziel, dem Betreffenden sein Verhalten zu verdeutlichen, ihn zum Nachdenken zu bewegen.

– *Inhalts- und Beziehungsebene:* Zwischenmenschliche Kommunikation erfolgt auf der Sach- bzw. Inhaltsebene und der Beziehungsebene. Jede Mitteilung enthält eine inhaltliche, sachliche Information, aber auch einen Hinweis darauf, wie ihr Sender sie vom Empfänger verstanden haben möchte. Die Inhalts- und Beziehungsebene sind zwei Aspekte ein- und desselben Kommunikationsprozesses. Die Kommunikation enthält nicht nur Mitteilungen über Themen, Sachverhalte, Tatbestände (Informationen über Objekte), sondern auch über die Art der sozialen Beziehung zwischen den Teilnehmern (Information über Subjekte). *P. Watzlawick* stellt im Zusammenhang mit dieser Thematik folgendes Axiom auf: „Jede Kommunikation hat einen Inhalts- und einen Beziehungsaspekt, derart, daß letzterer den ersteren bestimmt und daher eine Metakommunikation ist.“[51] Der Beziehungsaspekt stellt eine Kommunikation über eine Kommunikation dar. Man kann also sagen: Erziehung ist „wesentlich eine Frage von Beziehungen zwischen allen am Erziehungsprozeß beteiligten Personen (. . .) Liegen Schwierigkeiten im Sozialisationsprozeß vor, so gilt es, vielmehr nach den Grundlagen der Beziehungsverhältnisse zu fragen“.[52]

Viele Interaktions- und Kommunikationsprozesse zwischen Jugendarbeiter und Jugendlichen sind von seiten der Jugendlichen als ein Versuch zu verstehen, dem Jugendarbeiter näherzukommen, ihn auf der Beziehungsebene besser zu verstehen oder über sich etwas mitzuteilen. Sensibilität und Empathie werden in solchen Situationen vom Jugendarbeiter erwartet. Er muß die versteckten Signale verstehen und auf sie eingehen können.

Diese Überlegungen sind besonders im Zusammenhang mit Konflikten wichtig. Vielfach geben Jugendarbeiter in Konfliktsituationen dem Jugendlichen zu verstehen, er solle sich abreagieren, damit man in Ruhe das Problem noch einmal besprechen könne. Solches Vorgehen übersieht, daß es sich vielfach nicht um ein inhaltliches, sondern um ein persönliches Problem handelt. Eine Versachlichung der Lage und ein ruhiges Gespräch helfen dabei

---

51 *P. Watzlawick u. a.:* Menschliche Kommunikation. Verlag H. Huber. Bern 1969, 56.

52 *A. Heiliger:* Elternarbeit an Institutionen. DJI-Verlag. München 1978, 66.

nicht weiter. Eine Konzentration auf die Sache kann das Problem nicht fassen und klären. *Schulz von Thun* bezeichnet es als einen „Kardinalfehler in der zwischenmenschlichen Kommunikation: Beziehungs-Streit auf der Seite des Sachinhaltes auszutragen."[53]

6. Vermittlungsvariablen: Sind Feinziele formuliert und ihr Inhalt näher beschrieben, stellt sich die Frage nach den Methoden, d. h. nach der Umsetzbarkeit der Ziele. Zu den Vermittlungsvariablen zählen Methoden, Medien und Material.
– *Methoden:* Vergleich zu diesem Thema, 1. Kapitel, S. 22 ff. Es ist hier nicht möglich, Methoden, die sich besonders für Jugendarbeit eignen, exemplarisch darzustellen. Dazu möchte ich auf den Band *„Methodenbuch Jugendarbeit. Band 1"*[54] verweisen, der als wichtige Ergänzung zu diesem hier vorliegenden Buch zu verstehen ist.
– *Medien:* Methoden und Medien sollten gesondert betrachtet werden. Zwar können Medien auch Methoden sein. Medien haben jedoch, besonders in einer wachsenden Mediengesellschaft, ihre eigene Bedeutung. Sie können durch ihren bilateralen Charakter (Inhalts- und Methodenbezug) oft mehr ausdrücken als der Jugendarbeiter. Durch Medien können Inhalte mitunter intensiver, akzentuierter und mit mehr Abstand dargestellt werden. Sie ermöglichen es dem Jugendarbeiter, ein Thema inhaltlich objektiver und qualifizierter zu vermitteln. In der Jugendarbeit kommt es oft darauf an, wer etwas sagt. Wird ein Problem z. B. durch einen Film verdeutlicht, sind Jugendliche eher bereit, darüber nachzudenken, als wenn der Jugendarbeiter ein Gespräch zum Thema anbieten würde.
Ein Film oder eine Ton-Bild-Serie kann darüber hinaus den Vorteil haben, qualitativ mehr zu bieten, weil Fachkräfte das Thema erarbeitet haben. Vielfach besitzt der Jugendarbeiter nicht die Fachkompetenz dazu.[55]
Bei allen Medien, die in der Jugendarbeit eingesetzt werden, sollte man bedenken, welches Ziel damit verfolgt werden soll:

---

53 *B. Fittkau u.a.:* Kommunizieren lernen (und umlernen). Westermann Verlag. Braunschweig 1980, 53.

54 *J. Schilling:* Methodenbuch Jugendarbeit. Band 1. Kösel-Verlag. München 1982.

55 *M. Dichanz u. a.:* Medien im Unterrichtsprozeß. Juventa Verlag. München 1974; *P. Köck:* Didaktik der Medien. Ludwig Auer Verlag. Donauwörth 1974.

Geselligkeit, Unterhaltung oder Mittel für einen Lernerfolg? Auf keinen Fall sollten in der Jugendarbeit Filme eingesetzt werden, um ein Programm zu füllen. Solche Angebote verstärken die Passivität, das Konsumverhalten und die Kritiklosigkeit Jugendlicher.

– *Material:* Neben Methoden und Medien wird eine Lernsituation von den vorliegenden und eingesetzten Materialien mitbestimmt. Ich will hier Material im engen und weiten Sinn unterscheiden.

Material im *engen Sinn* beinhaltet Materialien, die für eine Lernsituation benötigt werden. Dies können Zeitschriften, Zeitungen, Bastelmaterial, Filmprojektor etc. sein.

Material im *weiten Sinn* meint die Umgebung, in der Lernen erfolgen soll. Hier sind u. a. der Raum, die Beleuchtung, die Bestuhlung, die gesamte Einrichtung usw. zu verstehen.

Es fällt nicht schwer zu erkennen, daß jeder Jugendarbeiter sich nicht nur Gedanken über Ziele, Inhalt, Thema, Methoden und Medien machen sollte, sondern auch über das Material, das er für eine Lernsituation benötigt.

– *Zeitablauf:* Planen und Lernen erfolgen in einer konkreten Situation und in einem konkreten Zeitabschnitt. Der Jugendarbeiter muß deshalb in sein Konzept auch Überlegungen über die zeitliche Abfolge einbringen. Hat der Jugendarbeiter einen Elternabend, eine Schulung, einen Diskussionsabend etc. geplant, steht ihm ein bestimmter zeitlicher Rahmen zur Verfügung, den er bei seiner Planung berücksichtigen muß. Zwar wird er nicht bis ins Detail festlegen, zu welchem Zeitpunkt was geschehen soll, dies ließe sich mit einem offenen Konzept nicht vereinbaren, dennoch muß er einen Zeitplan aufstellen, will er sein Ziel erreichen. Er könnte sich an folgendem Raster orientieren.

Ziele	didaktischer Kommentar	Methoden	Medien	Material	Zeitplan
Was?	Warum?	Wie?	Womit?	Wodurch?	Wann?

Des weiteren muß er sich Gedanken machen, wie sein Vorhaben in einem größeren zeitlichen Zusammenhang zu sehen ist, d. h. wie die langfristige, mittelfristige und kurzfristige Planung gedacht ist und wie sich sein Vorgehen dort einordnen läßt.

– *Implikationszusammenhang:* Die drei auf dieser zweiten Ebene genannten Elemente (Ziele, Inhalt, Vermittlungsvariablen) stehen in einem gegenseitigen Wechselverhältnis, das besagt, daß durch die Zielformulierung bestimmte Methoden festgelegt sind, wie auch umgekehrt, daß die Methoden auch bereits bestimmte Ziele einschließen. Die Wechselseitigkeit der drei Elemente läßt sich graphisch so darstellen:

Einstiegsmöglichkeiten

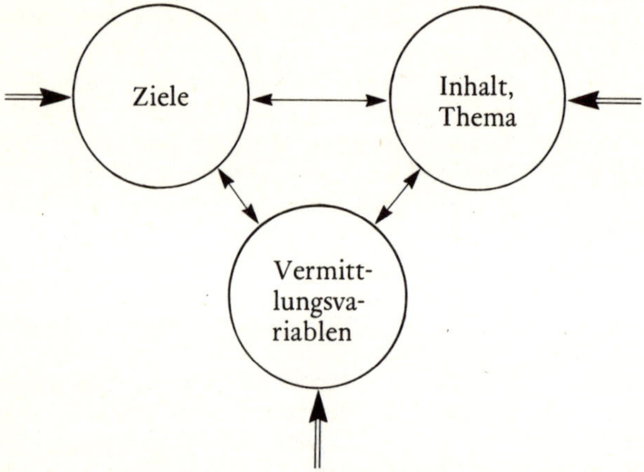

Dies bedeutet für die Praxis des Jugendarbeiters:
– Der Jugendarbeiter überlegt sich bei einer Planung zuerst die Ziele, dann Inhalte und Vermittlungsvariablen. Er fragt sich, bevor er etwas plant: *Was* will ich eigentlich? *Warum* will ich es?
– Der Jugendarbeiter kann z. B. auch ein interessantes Thema in einer Illustrierten (Inhalt) lesen oder einen Film (Medien/Methoden) ausleihen, über das/den er an einem Abend mit Jugendlichen diskutieren möchte. Erst nachdem er das Thema kennt, fragt er sich nach den Zielen, die sich damit verbinden lassen.
Der Implikationszusammenhang dieser Merkmale macht drei Dinge deutlich:
- Ziele, Inhalt/Thema und Vermittlungsvariablen bedingen sich wechselseitig.
- In der Praxis wird man je nach Situation von einem unterschiedlichen Element ausgehen.
- Entscheidend bei allem ist jedoch, daß der Jugendarbeiter, gleichgültig bei welchem Merkmal er beginnt, immer die Frage nach den Zielen stellt. Unterläßt er diesen wichtigen Schritt, kommt sein Tun einem inhaltsleeren Aktivismus gleich.

• *Dritte Ebene des Lern-Spiral-Modells: Aktion*

Auf der dritten Ebene des Lern-Spiral-Modells geht es um das konkrete Handeln, d. h. das Umsetzen dessen, was man geplant hat.[56] Ich möchte mich hier nur auf einen Aspekt beschränken, den der Jugendarbeiter unbedingt berücksichtigen sollte.

7. *Verhaltensänderung, Qualifikation:* Wenn durch Lernen eine Verhaltensänderung erfolgt, so kann man davon ausgehen, wie im 3. Kapitel dargelegt, daß eine Person konstituiert ist durch
– ihre psychische Disposition (emotionale Dimension)
– ihr Bewußtsein (kognitive Dimension)
– ihr Handlen (psychomotorische Dimension).
Unter einer *psychischen Disposition* sind Prozesse zu verstehen, die in früher Kindheit unter besonderen Einflüssen, wie Vertrauen, Angst, Lust, Unlust, eine „konservative" Prägung entstehen ließen. Dieses erzeugte Potential von Einstellungs- und Verhaltensweisen dürfte besonders schwer wandelbar sein.
Das *Bewußtsein* dagegen ist die Dimension, die offen zur Welt und deshalb als „progressiv" zu bezeichnen ist. Im Bewußtsein werden Informationen aufgenommen und gespeichert, die nun ihrerseits im Widerspruch zur psychischen Disposition stehen können. Das Individuum bemüht sich, zwischen den drei Ebenen ein Gleichgewicht im *Handeln* herzustellen. Jede Einstellungs- und Verhaltensänderung, die die Mehrheitsverhältnisse zwischen konservativen und progressiven Elementen wesentlich verschiebt, löst eine Identitätskrise aus, weil sich das Neue erst gegen den Widerstand des Alten stabilisieren muß. Je nachdem, wie schwer die Krise ist, wird das Individuum sich auf die sichere, konservative Position zurückziehen. D. h. konkret, daß Jugendliche in solchen Situationen ein inkonsequentes Verhalten zeigen. Ihr Verhalten entspricht nicht dem, was sie eingesehen haben und verbal unterstreichen. Diese Diskrepanzen muß der Jugendarbeiter kennen, und er muß lernen, damit umzugehen. Möchte er durch Lernen den Bereich der
– Handlungskompetenz
– Sachkompetenz
– Sozialkompetenz
– Ichkompetenz

---

[56] *R. F. Mager/P. Pipe:* Verhalten, Lernen, Umwelt. Beltz Verlag. Weinheim 1972.

der Jugendlichen erweitern, also durch Lernen Verhaltensänderungen erreichen, muß er dieses Ziel sorgsam formulieren. Erfolg wird er nur dann haben, wenn durch sein Agieren die Mehrheitsverhältnisse im Jugendlichen nicht plötzlich erheblich verändert werden. In diesem Fall würde der Jugendliche aus Angst und Unsicherheit an seiner konservativen Disposition festhalten.[57] Voraussetzung für Verhaltensänderungen durch Lernangebote ist also, eine angstfreie Situation zu schaffen, in der mit neuen Verhaltensweisen experimentiert werden kann.

In der Jugendarbeit kommt es darauf an, die progressiven Elemente auf allen drei Ebenen zu stärken. Allerdings ist dieses Ziel nur durch einen langfristigen Prozeß, in kleinen Schritten (Feinzielen) zu erreichen. Dabei ist es wichtig zu bedenken, daß Änderungen des Verhaltens etwa in folgenden Etappen erfolgen[58]:

neues Wissen / neue Erfahrung	→ Änderung des Bewußtseins	→ Änderung des Problemverständnisses	→ Änderung der Einstellung, Haltung	→ Änderung des Verhaltens
	→ 1. Schritt	→ 2. Schritt	→ 3. Schritt	→ 4. Schritt

D. Damm führt zum Beleg seines *Erklärungsmodells* mehrere Beispiele aus der Jugendarbeit an. Eines soll hier wiedergegeben werden. „Jugendliche, die aufgrund von politischen Diskussionen und Aktionen mühsam eine progressive Identität zu stabilisieren suchen, können den Wunsch nach weiterer progressiver Verstärkung am besten im Kreis von Gleichgesinnten realisieren. Geraten sie in dieser Phase der relativ instabilen progressiven Identität in eine Auseinandersetzung mit Vertretern konservativer Positionen, wird ihr Ziel eher sein, die eigene progressive Identität zu stabilisieren als möglichst differenziert zu argumentieren. In den konservativen Positionen ihrer Diskussionsgegner treten ihnen zudem zugleich die eigenen unaufgearbeiteten konservativen Elemente entgegen, also alle jene Vorurteile, Ressentiments und Argumente, an die sie eigentlich selbst noch glauben, an die sie jedoch aufgrund ihrer progressiven Identität (. . .) nicht mehr glauben

---

57 *D. Damm:* Politische Jugendarbeit. Juventa Verlag. München 1975, 130-171.

58 *P. Neysters:* Eltern und Jugendliche im Gespräch. Echter Verlag. Würzburg 1979, 27.

möchten. In Ermangelung progressiver Argumente und aus Angst, daß die eigenen progressiven Elemente von den immer noch mehrheitlich konservativen eigenen Elementen „überrannt" werden könnten, greifen sie zu nichtssagenden Schlagwörtern und Verbalradikalismen, die weder die konservative Position des Gegners noch die eigenen konservativen Elemente widerlegen. Dies wird zwar im allgemeinen kaum rational erkannt, wohl aber emotional als unbefriedigend empfunden.
Um die Unfähigkeit, die eigenen konservativen Elemente auszuräumen, nicht zugeben zu müssen, wird dann oft dem Diskussionspartner Unfähigkeit unterstellt."[59]

- *Vierte Ebene des Lern-Spiral-Modells: Reflexion*

Auf der vierten Ebene wird die Information, Planung und Handlung reflektiert und ausgewertet. Dabei muß zwar von der konkreten Situation ausgegangen werden, jedoch ist von dieser zu abstrahieren, um allgemeine Erfahrungen zu gewinnen und Konsequenzen daraus zu ziehen. Wenn es um explizites oder intendiertes Lernen geht, d. h. also um geplantes Lernen, dann gehört dazu auch die Kontrolle, also die Überprüfung dessen, was beabsichtigt und was erreicht worden ist. Es geht auf dieser Ebene um zwei Themen: Auswertung und Feedback.

8. Auswertung: Am Schluß einer Lehr-Lern-Einheit muß die Auswertung, Reflexion, Kontrolle stehen. Es gehört zur pädagogischen Verantwortung, sich über das, was man initiiert hat, Rechenschaft zu geben. Die Auswertung muß zwei Bereiche umfassen:
1. Individuelle und soziokulturelle Folgen für den Jugendarbeiter und den Jugendlichen
2. Fragen bezüglich des Konzeptes.

Wie auf der ersten Ebene (Information) die individuellen und soziokulturellen Voraussetzungen sowohl des Jugendarbeiters als auch des Jugendlichen für eine Lehr-Lern-Organisation berücksichtigt werden müssen, gilt es nun darüber nachzudenken, welche Folgen das Lernziel für den Jugendarbeiter und den Jugendlichen hat, denn beide werden verändert aus einem Lernprozeß hervorgehen, gleichgültig, ob das Ziel erreicht wurde oder nicht. Über diese Folgen sollte der Jugendarbeiter reflektieren und sich nicht ohne weiteres darüber hinwegsetzen. Hier gilt es z. B. zu fragen:

---

59 *D. Damm*, a.a.O., 145.

Woran lag es, daß die Ziele nicht umgesetzt werden konnten? Waren die Ziele zu hoch gesteckt? Waren die Methoden richtig gewählt? Stimmte die Analyse der Voraussetzungen? usw. Desgleichen muß sich der Jugendarbeiter fragen, was geschieht, wenn der Lernprozeß Verhaltensänderungen bewirkt hat? Welche Lernprozesse müssen darauf aufbauen? Wie erreicht man Stabilität des Verhaltens? etc.

Einige Kriterien, nach denen die Auswertung erfolgen könnte:

- Worüber mußte ich mich informieren?
- Wodurch wurde mein Handeln bestimmt?
- Was wollte ich allgemein erreichen?
- Was wollte ich konkret erreichen?
- Worum ging es mir inhaltlich?
- Wie habe ich meine Ziele umgesetzt?
- Wodurch wurde Lernen erschwert?
- Welche Folgen hatte mein Verhalten?
- Welche Rückmeldung werde ich geben?

Anhand dieser Fragen kann das Konzept reflektiert werden, um mögliche Fehler zu suchen, aber auch Schritte zu entdecken, die für den Lernerfolg von Bedeutung waren.[60]

Frageraster zum didaktischen Lern-Spiral-Modell

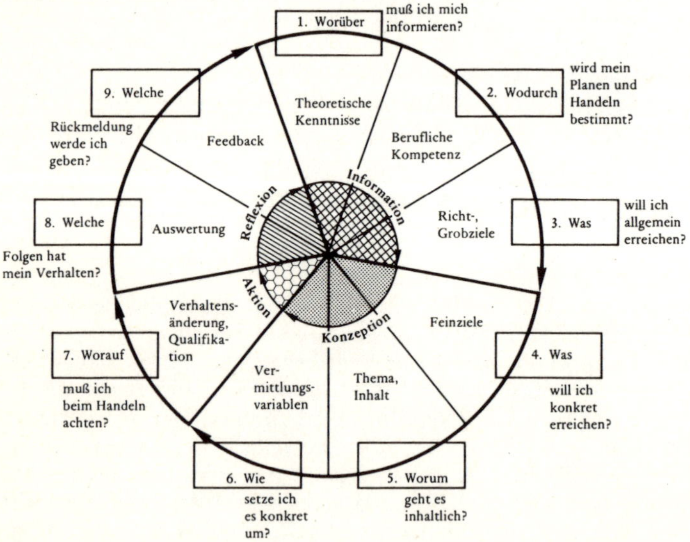

60 *R. F. Mager:* Motivation und Lernerfolg. Beltz Verlag. Weinheim 1974.

9. Feedback: Am Ende eines Lern-Prozesses steht das Feedback. Es hat zum Ziel, mitzuteilen, welche Auswirkungen Verhalten auf andere hat. Feedback hilft, sich selbst und die Umwelt realistischer wahrzunehmen. Lernenden wird mitgeteilt, wie man den Lernvorgang persönlich sieht und erlebt hat. Jugendliche werden ermuntert und bestärkt, weiter in dieser Richtung zu experimentieren, zu üben und zu lernen.
Auch der Jugendarbeiter wird vom Jugendlichen Feedback erhalten. Dies muß nicht unbedingt in verbaler Form erfolgen, es kann auch sein, daß der Jugendliche weiteren Bemühungen des Jugendarbeiters aus dem Wege geht oder aber für weitere Lernschritte bereit ist.
Somit können wir zwischen zwei Formen des Feedbacks unterscheiden:
– *Non-verbales Feedback* äußert sich durch Verhaltensweisen. Man geht weg, kommt wieder; oder man signalisiert durch Gesten seine Bereitschaft, Enttäuschung, Ärger etc. Vielfach geben Jugendliche „mit den Füßen" Feedback, d. h. sie kommen zu einer Veranstaltung oder sie bleiben ihr fern.
– *Verbales Feedback* ist wörtlich geäußerte Reaktion auf das Gruppengeschehen. Im Bereich der Gruppendynamik sind Regeln für das Feedback entwickelt worden, sowohl für denjenigen, der Feedback erteilt, als auch für denjenigen, der es erhält.[61]
Feedback *geben*:
- Gib Feedback, wenn der andere es verarbeiten kann.
- Feedback soll so ausführlich und konkret wie möglich sein.
- Teile deine Wahrnehmungen als Wahrnehmungen, deine Vermutungen als Vermutungen und dein Gefühl als dein Gefühl mit.
- Feedback soll den anderen nicht analysieren.
- Feedback soll auch positive Gefühle und Wahrnehmungen umfassen.
- Feedback soll umkehrbar sein.
- Feedback soll die Informationskapazität des anderen berücksichtigen.
- Feedback soll sich auf begrenztes konkretes Verhalten beziehen.

---

61 *L. Schwäbisch/M. Siems:* Anleitung zum sozialen Lernen für Paare, Gruppen und Erzieher. Rowohlt Verlag. Reinbek b. Hamburg 1974, 63-73; *R. Kirst/J. Müller-Schwarz:* Gruppentraining. Deutsche Verlags-Anstalt. Stuttgart 1973, 68-77; *K. Antons:* Praxis der Gruppendynamik. Hogrefe Verlag. Göttingen 1973, 109-110; *K. W. Vopel/R. E. Kirsten:* Kommunikation und Kooperation. Verlag Pfeiffer. München 1974, 112-123.

– Feedback soll möglichst unmittelbar erfolgen.
– Feedback bedeutet, Informationen zu geben und nicht, den anderen zu verändern.

Feedback *annehmen*:
– Wünsche nur dann Feedback, wenn du dazu auch in der Lage bist.
– Bitte die anderen möglichst oft um Feedback.
– Sage konkret, welche Informationen du haben möchtest.
– Wenn du Feedback annimmst, höre zunächst ruhig zu.
– Vermeide zu argumentieren oder dich zu verteidigen.
– Überprüfe die Bedeutung der Informationen.
– Teile deine Reaktion mit.

Schwäbisch/Siems behaupten: „Ohne Feedback ist soziales Lernen nicht möglich.“[62] Da es in der Jugendarbeit vor allem um soziales Lernen geht, sollten die Jugendarbeiter Regeln des Feedback beherrschen. Feedback wird häufig nicht nach diesen, von der Gruppendynamik entwickelten Regeln erfolgen, sondern nach Regeln, die der Jugendarbeiter selbst erarbeitet hat.

- *Lern-Spiral-Modell: Zusammenfassung*

Bei diesem didaktischen Modell für Jugendarbeit handelt es sich um ein *Spiral-Modell*, d. h. die Folgen der Lernplanung und die Auswertung des Lern-Prozesses werden zum einen die am Interaktions- und Kommunikationsprozeß Beteiligten verändern und zum anderen werden die Ergebnisse der Auswertung Voraussetzung für weitere Planungen sein. Entsprechend erfolgt das Lernen jeweils in Form einer sich fortbewegenden Spirale. Das erarbeitete Schema soll hier noch einmal graphisch dargestellt werden (siehe folgende Seite).

4 Beispiel aus der Praxis

4.1 Beispiel

Ein Jugendarbeiter plant eine Schulung mit jugendlichen Clubleitern zum Thema: Geselligkeit im Jugendclub. Für diese Schulung soll nach dem didaktischen Lern-Spiral-Modell eine Skizze entworfen werden.

---

62 *L. Schwäbisch/M. Siems:* Anleitung zum sozialen Lernen für Paare, Gruppen und Erzieher. Rowohlt Verlag. Reinbek b. Hamburg 1974, 63.

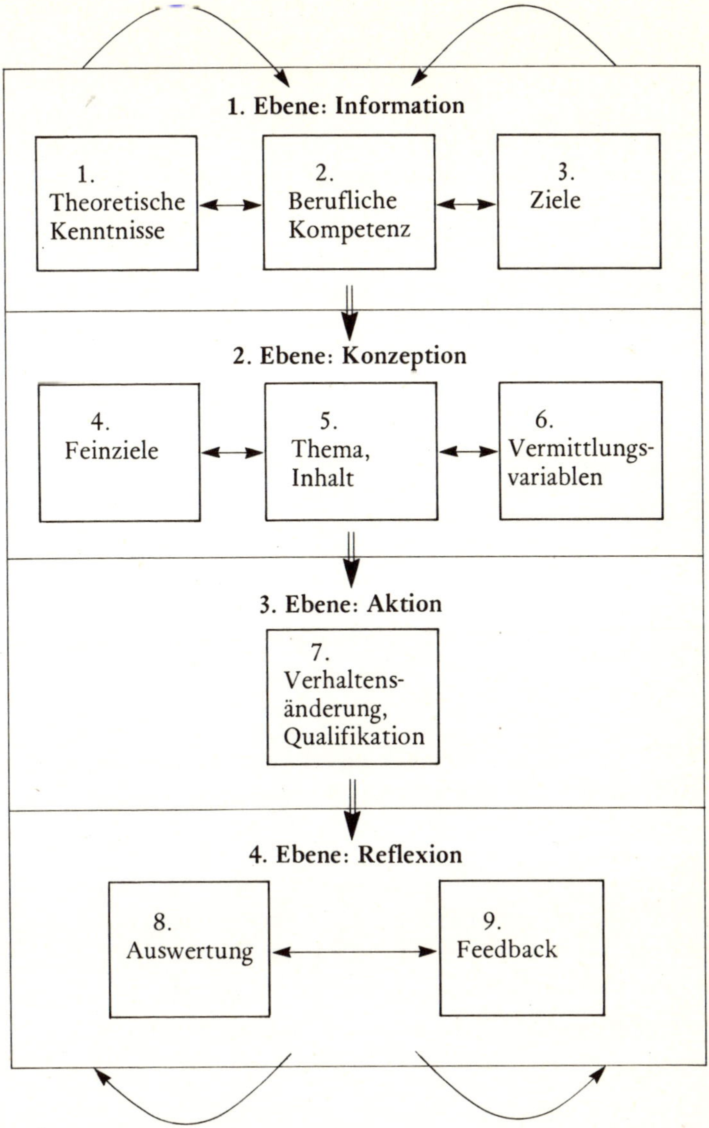
1. Ebene: Information
1. Theoretische Kenntnisse
2. Berufliche Kompetenz
3. Ziele
2. Ebene: Konzeption
4. Feinziele
5. Thema, Inhalt
6. Vermittlungsvariablen
3. Ebene: Aktion
7. Verhaltensänderung, Qualifikation
4. Ebene: Reflexion
8. Auswertung
9. Feedback

1. Theoretische Kenntnisse

In folgenden drei Schritten kann der Jugendarbeiter vorgehen:

- Er wird bereits unklare und vage Vorstellungen vom Ziel der Schulung und vom Thema Geselligkeit besitzen. Diese wird er reflektieren, ordnen und auf ihre Umsetzbarkeit überprüfen.
- Er wird Literatur zusammenstellen und diese lesen bzw. in Auszügen durcharbeiten.
- Er erstellt eine Zusammenfassung der wichtigsten Aussagen, die gleichzeitig als Gliederung dienen.

Die theoretischen Überlegungen zum Thema Geselligkeit könnten folgendes Ergebnis haben:
Geselligkeit setzt sich aus acht Elementen zusammen[63]:

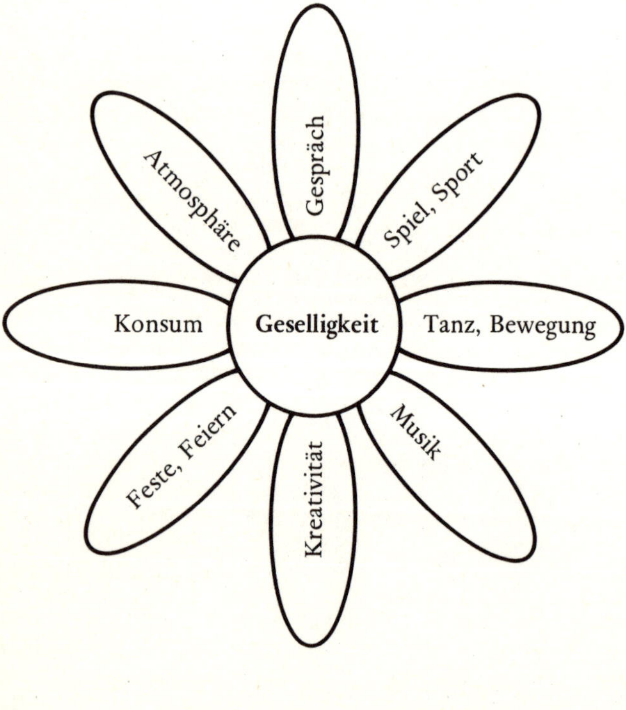

[63] *J. Schilling:* Der Jugendclub. Kösel-Verlag. München 1982.

– Gespräch, Kommunikation
– Spiel, Sport
– Tanz, Bewegung, Rhythmus
– Musik
– Kreativität
– Feste, Feiern
– Konsum
– Raumgestaltung, Atmosphäre

Diese Elemente sollen den Clubleitern in der Schulung nähergebracht werden, um ihre Relevanz für Clubarbeit zu verdeutlichen. Da dafür ein Schulungswochenende nicht ausreicht, soll das Thema auf vier Wochenenden aufgeteilt werden.

2. Berufliche Kompetenz

– *Instrumentelle Kompetenz:* Welche Fähigkeiten, Fertigkeiten und Praxiserfahrung besitzt der Jugendarbeiter zu diesem Thema? Fachwissen hat er sich bereits erworben (vgl. S. 122).
– *Reflexive Kompetenz:* individuelle und soziokulturelle Voraussetzungen des Jugendarbeiters; individuelle und soziokulturelle Voraussetzungen der Clubleiter (Sozialisation, Werte, Normen, Beruf, Freizeit, Schicht etc.).
– *Soziale Kompetenz:* Überlegungen darüber, wie das Verhältnis zwischen Jugendarbeiter und Clubleiter auf der Schulung und danach gestaltet werden soll. Kennt der Jugendarbeiter die Clubleiter? Werden diese von ihm auch nach der Schulung betreut?
– *Handlungskompetenz:* Welche Erfahrungen hat der Jugendarbeiter mit Clubleiterschulungen bisher gemacht? Welche Motivation, Ängste hat er (intrapersonal)? Analyse der Bedingungsfaktoren des pädagogischen Umfeldes des Jugendarbeiters und der Clubleiter. Welche Faktoren beeinflussen die Schulung (interpersonal)?

3. Ziele

Richtziel:
Die Clubleiter sollen die Bedeutung von Geselligkeit für Jugendliche und für die Clubarbeit erkennen.
Grobziele:
– Die Clubleiter sollen die Bedeutung des Gesprächs für Jugendliche und für die Clubarbeit erkennen.
– Sie sollen die Bedeutung von Spiel und Sport für Jugendliche und für die Clubarbeit erkennen.

– Sie sollen die Bedeutung von Tanz, Bewegung und Rhythmus für Jugendliche und für die Clubarbeit erkennen.
– Sie sollen die Bedeutung von Musik für Jugendliche und für die Clubarbeit erkennen.
– Sie sollen die Bedeutung der Kreativität für Jugendliche und die Clubarbeit erkennen.
– Sie sollen die Bedeutung von Festen und Feiern für Jugendliche und die Clubarbeit erkennen.
– Die Clubarbeiter sollen die Bedeutung von Konsum für Jugendliche entsprechend einordnen können.
– Sie sollen die Bedeutung der Raumgestaltung und Atmosphäre für Jugendliche und die Clubarbeit berücksichtigen lernen.

Planung
Der Jugendarbeiter muß ein kurz-, mittel- und langfristiges Schulungskonzept entwerfen, in dem er festlegt, welche Elemente der Geselligkeit er an den vier Wochenenden behandeln will.

4. Feinziele

Bedürfnisse und Interessen des Jugendarbeiters und der Clubleiter: Welche Bedürfnisse und Interessen hat der Jugendarbeiter und welche die Clubleiter hinsichtlich dieses Themas?
Lehr- und Handlungsziele (Lernziele). Beispiel: „Gespräch, Kommunikation"
Vermutete Handlungsziele der Clubleiter:
– Die Clubleiter wollen Anregungen haben, wie sie ihren Club interessant gestalten können.
– Die Clubleiter wollen wissen, wie sie Clubbesucher aktivieren können.
– Die Clubleiter wollen Rezepte erhalten, wie sie mit Konflikten umgehen können.
– Die Clubleiter wollen Programme kennenlernen.
– Die Clubleiter wollen andere Clubs und deren Leitung kennenlernen.
– Die Clubleiter wollen Gespräche mit anderen führen und Erfahrungen austauschen.
– Die Clubleiter möchten etwas Konkretes für ihre Praxis lernen, usw.
Lehrziele/Erziehungsziele des Jugendarbeiters:
– Die Clubleiter sollen die Bedeutung des Gesprächs für sich persönlich wie auch für Jugendliche erkennen.
– Die Clubleiter sollen nach Möglichkeiten suchen, wie sie im Club das Gespräch fördern können.

– Die Clubleiter sollen konkrete Anregungen für ihre Clubarbeit in bezug auf das Gespräch erhalten.
usw.

Lernziele:
– Die Clubleiter sollen sich bei lauter Musik unterhalten.
– Sie sollen sich ohne Musik unterhalten.
– Sie sollen sich bei leiser Musik unterhalten.
– Sie sollen reflektieren, wie sie sich in den einzelnen Situationen gefühlt haben.
– Sie sollen überlegen, wie sich Clubbesucher in diesen Situationen gefühlt hätten.
– Sie sollen überlegen, welche Bedeutung Musik und Gespräch für sie persönlich und für Besucher haben.
– Sie sollen nach Möglichkeiten suchen, dem Gespräch mehr Raum geben zu können.

Zu jedem Element der Geselligkeit muß der Jugendarbeiter Feinziele (Lernziele) formulieren. Die Feinziele haben jeweils einen Bezug zur emotionalen, kognitiven, psychomotorischen oder sozialen Ebene der jugendlichen Clubleiter.

5. *Thema, Inhalt*

Inhalt: Nähere Begründungen und Erklärungen der formulierten Lernziele (didaktischer Kommentar). Die Clubleiter sollen zunächst selbst erleben, wie die Kombination von Musik und Gespräch in den verschiedenen Varianten auf sie persönlich wirkt. Danach diskutieren sie darüber, wie die Clubbesucher diese Situation erleben und beurteilen würden. Schließlich soll überlegt werden, wie man im Club konkret Möglichkeiten schaffen kann, das Gespräch zu fördern.

Inhalts- und Beziehungsebene: Es ist wichtig, daß die Clubleiter nicht nur inhaltlich das Thema Geselligkeit diskutieren und ihre Bedeutung verstandesmäßig erkennen. Vielmehr sollten bei der Schulung Situationen geschaffen werden, die den Clubleitern ein positives Erleben von Geselligkeit ermöglichen. Um dies zu erreichen, muß der Jugendarbeiter eine Atmosphäre schaffen, in der sich die Clubleiter wohlfühlen und bereit sind, über sich und ihre Probleme zu sprechen.

6. *Vermittlungsvariablen*

Methoden: Der Jugendarbeiter wird dieses Thema am besten mit den Clubleitern erörtern, indem er die ganze Schulung in der

Form eines Clubs durchführt (Methode „Club"). Anhand konkreter Situationen finden Gespräche statt und werden Experimente durchgeführt. Auf diese Weise können die Clubleiter am ehesten die Bedeutung der Geselligkeit erkennen. Dabei können folgende Methoden eingesetzt werden: Rollenspiel, Pro & Contra-Diskussion, Anspiel, Kleingruppen, Plenum, Collagen, Podiumsgespräch, Expertenbefragung u. a.[64]

Medien: Durch einen Videofilm kann zu bestimmten Themen der Einstieg in die Diskussion erleichtert werden. Weitere Medien: Musik, Film etc.

Material: Der Schulungsraum soll als Clubraum hergerichtet sein. Ein weiterer Raum wird notwendig, um Kleingruppen und andere Gespräche zu ermöglichen. Mehr als zwei Räume sollten jedoch nicht benutzt werden, um die Clubleiter erleben zu lassen, daß man in der konkreten Praxis mit zwei Räumen auskommen kann.

Zeitverlauf: Der Jugendarbeiter muß sich Gedanken machen, in welchem Zeitraum er die einzelnen Themen abhandeln will, d. h. er muß für die Schulung ein Zeitraster erarbeiten.

---

64 *J. Schilling:* Methodenbuch Jugendarbeit. Band 1. Kösel-Verlag. München 1982.

Feinziele, Lernziele	*didaktischer Kommentar*	*Methoden*	*Medien*	*Material*	*Zeit*
1. Feinziel: Die Clubleiter sollen sich bei lauter Musik unterhalten.	Es geht darum, Eindrücke zu sammeln, ob Musik ein Gespräch unterbindet, möglich macht, erschwert. Die persönlichen Erfahrungen sollen ausgetauscht und miteinander diskutiert werden.	Clubraum Plenum	Musik	Musikanlage, Schallplatten	45 Minuten
2. Feinziel: Die Clubleiter sollen sich ohne Musik unterhalten.	Musik schafft Atmosphäre, bietet Möglichkeiten zum Gespräch. Ohne Musik kann es im Club steril sein. Die Clubleiter tauschen ihre Eindrücke und Gefühle aus und diskutieren darüber.	Clubraum Plenum			30 Minuten
3. Feinziel: Die Clubleiter sollen sich bei leiser Musik unterhalten.	Welche Bedeutung hat Musik im Zusammenhang mit dem Gespräch? Wann stört sie? Wann empfindet man sie als angenehm, notwendig? Die Fragen sollen diskutiert werden.	Clubraum Plenum	Musik	Musikanlage, Schallplatten	45 Minuten

7. *Verhaltensänderung, Qualifikation*

Das Thema Geselligkeit sollte weniger verbal erörtert als erlebt werden. Da die Clubleiter von Geselligkeit vermutlich andere Vorstellungen haben und eher darauf eingestellt sind, rein verstandesmäßig zu erfahren, wie sie ihre Clubs gesellig gestalten, ist es sehr wichtig, sie Geselligkeit selbst erleben zu lassen. Erst dann sind sie in der Lage, auch ihren Clubs Geselligkeit näherzubringen. In der Schulung sollen sie also ihr Verhalten ändern und die Qualifikation der Geselligkeit erwerben.
Dabei muß der Jugendarbeiter bedenken, daß u. U. viele Clubleiter seinen Ausführungen kritisch gegenüberstehen, sie für nicht realisierbar halten. Er muß um diese Sperre und Einstellung wissen und in seinem Konzept entsprechende Schritte überlegt haben, wie er das Vorurteil der Clubleiter korrigieren kann. Dies wird er am ehesten erreichen, wenn die Clubleiter ihre Situation im Club vorstellen können und gemeinsam nach Lösungen suchen.

8. *Auswertung*

Der Jugendarbeiter stellt sich folgende Fragen und bespricht sie mit den Clubleitern:

- Worüber mußte ich mich informieren (theoretische Kenntnisse)?
- Wodurch wurde mein Handeln bestimmt (berufliche Kompetenz)?
- Was wollte ich allgemein erreichen (Richt-, Grobziele)?
- Was wollte ich konkret erreichen (Feinziele)?
- Worum ging es inhaltlich (Thema, Inhalt)?
- Wie setzte ich die Ziele um (Vermittlungsvariablen)?
- Worauf hat sich mein Handeln bezogen (Verhaltensänderung)?
- Welche Folgen wird die Schulung für die Clubleiter haben (Auswertung)?
- Welche Rückmeldung gebe ich den Clubleitern und welche erhalte ich (Feedback)?

9. *Feedback*

Der Jugendarbeiter überlegt sich, wie er Feedback geben und wie er selbst Feedback erhalten kann, z. B. durch Reflexionsbogen, Schreibgespräch, Satzergänzungsbogen, mündliches Besprechen und Ausdrücken dessen, was man erlebt hat und wie man die Schulung einschätzt, gemütliche gesellige Runde im Club als Auswertungsgespräch und Feedback. Im folgenden als Beispiel ein Satzergänzungsbogen:

- Die Schulung fand ich gut,
  weil . . .
  weil . . .
  weil . . .
- Die Schulung fand ich nicht gut,
  weil . . .
  weil . . .
  weil . . .
- Einen Teil der Anregungen kann ich in meinem Club umsetzen,
  weil . . .
  weil . . .
  weil . . .
- Einen Teil der Anregungen kann ich in meinem Club nicht umsetzen,
  weil . . .
  weil . . .
  weil . . .
- Ich wünsche mir von den Schulungsleitern über die Schulung hinaus weitere Beratung und Unterstützung,
  weil . . .
  weil . . .
  weil . . .
- Die Schulung gab mir persönlich . . .

5 Einwände und Fragen

5.1 Das Modell ist zu kompliziert

Die Aufteilung des didaktischen Modells in die vier Ebenen ist einsichtig. Anders wird man in der Praxis wohl kaum vorgehen. Dennoch erscheint das Modell in der Anwendung zu kompliziert.

Ich glaube, viele denken so. Man erkennt zwar die Richtigkeit und auch Notwendigkeit eines solchen Vorgehens an, schreckt jedoch vor der Anwendung zurück, weil man die eigene Praxis ändern, d. h. die Einsicht zu einer Verhaltensänderung führen müßte.

Daß man mit dem didaktischen Modell eventuell nicht sofort umgehen kann, versteht sich. Man muß mit diesem Modell experimentieren. Vielleicht führt dies zu einem ganz neuen Entwurf eines Modells. Ich verweise noch einmal darauf, daß es sich bei diesem Modell um einen *ersten Entwurf* handelt, der als *Vorschlag* gedacht ist. Es wäre wünschenswert, wenn Jugendarbeiter sich durch dieses Modell anregen ließen, ein eigenes, für ihre Praxis relevantes Modell zu entwerfen. Wo das geschieht, ist die Intention des Buches erfüllt.

Wenn der Jugendarbeiter nicht nach diesem logischen Raster vorgeht, könnte es daran liegen, daß er nicht genügend Zeit dafür hat.

Zunächst stimmt es, daß ein Vorgehen nach diesem Modell zeitaufwendig erscheint. Dies trifft jedoch nur am Anfang zu. Hat der Jugendarbeiter genügend Übung, ist das Vorgehen nach diesem didaktischen Modell zeitlich nicht mehr aufwendig.

Wenn man die Richtigkeit und Notwendigkeit eines didaktischen Modells anerkennt, darf man es dann aus Zeitgründen ablehnen? Planung ist für Pädagogen wie für Jugendliche eine Hilfe, die Sicherheit vermittelt.

5.2 Probleme mit der beruflichen Kompetenz

Viele haben mit der ersten Ebene oder ganz konkret mit der „beruflichen Kompetenz“ Probleme. Es ist unmöglich, alle vier Aspekte ständig zu reflektieren.

Es ist richtig, daß die Überlegungen zur beruflichen Kompetenz eventuell erschreckend wirken. Doch muß man auch umgekehrt fragen, ob es besser und richtiger ist, wenn Jugendarbeiter nicht ihre berufliche Kompetenz reflektieren, keine Bedingungsanalyse erstellen.

Zudem kann berufliche Kompetenz nicht auf Anhieb erreicht werden, sie ist ein lebenslanger Prozeß, ein ständiges Lernen. Durch Studium der Literatur, Weiterbildung, Kurse, Diskussionen mit Kollegen, kann die berufliche Kompetenz erweitert und vertieft werden.

Das Modell versteht sich als ein *optimaler* Rahmen, d. h. es werden all die Schritte aufgezeigt, die ein Jugendarbeiter bei seiner Planung und Handlung berücksichtigen sollte. Ein optimaler Rahmen muß alle Möglichkeiten enthalten, damit derjenige, der an sein Planen und Handeln diesen Anspruch stellt, die einzelnen Aspekte in diesem Modell findet.

Das besagt nun aber nicht, daß jeder Jugendarbeiter bei jeder Planung all diese Schritte berücksichtigen muß; daß er ein schlechtes Konzept erarbeitet hätte, ein schlechter Jugendarbeiter sei, wenn er nicht so detailliert vorginge. Ich möchte hier mit Nachdruck betonen, daß jeder Jugendarbeiter selbst entscheiden muß, welche der einzelnen Entscheidungselemente des Modells in einer konkreten Situation für ihn relevant sind.
Das Lern-Spiral-Modell ist vor allem dann in allen seinen Elementen anwendbar, wenn der Jugendarbeiter ein Lernvorhaben erstmalig bewußt anstrebt. In einer solchen Situation muß er sich die neun Fragen (*vgl. Auswertung* S. 118) stellen.
Ein solches Vorgehen bei der Planung und Durchführung eines Lernvorgangs verhindert Fehler und Enttäuschungen. Es ist nicht ratsam, eventuell aus Zeit- oder anderen Grunden wesentliche Denkschritte außer acht zu lassen.
Es wird sicher viele Situationen im Alltag des Jugendarbeiters geben, in denen er nicht alle neun Elemente berücksichtigen wird. Dies sollte jedoch nicht der Fall sein, wenn er sich zu Beginn der Arbeit mit einer Gruppe nach diesem didaktischen Modell ein Konzept erarbeitet. Danach braucht er sich sicher nicht zu jeder Gruppenstunde z. B. die Fragen nach seinem theoretischen Wissen, seiner beruflichen Kompetenz und den Richt- und Grobzielen zu stellen. Es wird jedoch angebracht sein, wenn er immer wieder einmal darüber nachdenkt, ob er sein Konzept noch einhält oder ob er es eventuell verändern sollte.
Da es sich um ein offenes und dynamisches Konzept handelt, muß der Jugendarbeiter überlegen, ob er seinem Lernziel näher kommt. Wenn nicht, muß er überprüfen, an welcher Stelle er sein Konzept verändern muß, wo in seiner didaktischen Konzeption andere, neue Bedingungen eingetreten sind, die ihn veranlassen, in seinem Konzept die neue Situation zu berücksichtigen.
Ich hoffe, die Handhabung des Lern-Spiral-Modells ist verständlich geworden. Der Jugendarbeiter muß aus seiner konkreten Praxissituation heraus entscheiden, welche Elemente für seine Planung hilfreich sind. Das Lern-Spiral-Modell fordert also Kreativität und nimmt dem Jugendarbeiter in keinster Weise Entscheidungen ab. Es kann höchstens Planungs- und Entscheidungshilfen anbieten. Die vier didaktischen Schritte dürften wohl so selbstverständlich zum Verhaltensrepertoire eines Jugendarbeiters gehören, daß er bewußt oder unbewußt nach diesen Schritten in der Praxis vorgeht. Damit soll gesagt werden, daß dieses Modell im Grunde nichts Neues vermittelt, sondern lediglich Alltagswissen und Alltagsverhalten erkennbar, verstehbar, verständlicher,

berechenbarer machen will. Pädagogisches Handeln darf nicht unbewußt erfolgen, deshalb bedarf der Jugendarbeiter eines Planungsrasters.

5.3 Langfristiges Konzept

Dieses Modell ist nur bei einer langfristigen Konzeption anwendbar. Wenn man in der Praxis plötzlich mit einer Tatsache konfrontiert wird, kann man kaum nach diesem Modell vorgehen.

Bei der Erstellung eines langfristigen Konzeptes sind mit diesem didaktischen Modell keine Schwierigkeiten zu erwarten. Die Probleme treten in konkreten Situationen auf. Es ist sicher richtig und klar, daß ich in einer Situation, in der ich spontan und direkt reagieren muß, nicht erst lange nach meinem Konzept fragen darf, ich werde spontan handeln. Aber dieser Handlungsschritt oder -ablauf wird für mich typisch verlaufen. Ich werde mich so verhalten, wie ich es gewohnt bin, wie ich mich in der Regel in solchen Situationen verhalten habe und werde. Diese Überlegungen sagen, daß ich in meinem Verhalten konstant bin, daß meine Verhaltensweisen auf mein *Selbstkonzept* zurückzuführen sind. Würde ich über mein spontanes Verhalten zu einem späteren Zeitpunkt nachdenken, könnte ich erkennen, daß ich mich entsprechend meinen Zielen und meinem Konzept verhalten habe. Somit kann man wohl sagen: Ein erarbeitetes Konzept, mit dem ich mich identifiziere, werde ich derart internalisieren, daß ich, auch wenn ich unbewußt oder spontan reagiere, nach diesem Konzept und den darin enthaltenen Zielen handeln werde.
Anders wird es sich verhalten, wenn ich ein Konzept zu vertreten habe, mit dem ich nicht übereinstimmen kann. In einem solchen Fall werde ich ständig in Konflikte und Spannungen geraten und unbewußt oder spontan mein eigenes Konzept vertreten.

5.4 Spontanes Handeln Jugendlicher

Was geschieht, wenn der Jugendarbeiter spontan reagiert? Was geschieht, wenn der Jugendliche spontan reagiert? Das kann doch gar nicht geplant bzw. in einem Konzept berücksichtig werden.

Wir haben dieses Problem bereits in anderen Zusammenhängen diskutiert. Trotzdem will ich noch einmal darauf eingehen.

Ich spreche von einem offenen Konzept, d. h. ich bin auf „Überraschungen" vorbereitet. Wenn Jugendliche spontan etwas anmelden, was meinen Vorstellungen total widerspricht, bin ich froh, daß sie reagiert haben. Ich werde daraufhin meine Feinziele ändern.
In einem gewissen Sinn habe ich allerdings bereits versucht, die Bedürfnisse und Interessen der Jugendlichen zu berücksichtigen, bedürfnisorientierte Jugendarbeit durchzuführen, indem ich Vermutungen angestellt habe, welche Bedürfnisse diese Jugendlichen wohl anmelden werden. Dies habe ich unter dem Punkt „Handlungsziel" ausgeführt. Hier können mir in der Tat Fehler unterlaufen. Wenn nun die Jugendlichen andere Ziele signalisieren oder artikulieren als ich hypothetisch angenommen hatte, war das mein Fehler, also muß ich ihn korrigieren, indem ich innerhalb meines Konzeptes die Ziele überarbeite.
Nun könnte allerdings der Eindruck entstehen, es wäre besser, kein Konzept zu besitzen, als es ständig zu verändern. Dazu ist zu sagen, daß spontane Reaktionen und Handlungen Jugendlicher nicht unbedingt mein langfristiges Konzept verändern müssen, dies wird eventuell davon gar nicht berührt. Wenn es allerdings doch eintreten sollte, muß selbstverständlich mein Konzept verändert werden, weil es sich dann um gravierende Probleme handelt, die ich bei der Konzipierung nicht bedacht hatte und die mir erst durch die konkrete Situation durch die Jugendlichen klar wurden. In der Regel wird man jedoch davon ausgehen, daß die spontanen Handlungen nur mein kurzfristiges Ziel tangieren. In einem solchen Fall muß ich überlegen, ob ich mein Feinziel aufgebe, korrigiere oder zurückstelle. Diese Freiheit bietet mir die Offenheit des Konzeptes. Dieses didaktische Modell verhindert also nicht spontanes Verhalten Jugendlicher, es baut auf den bedürfnisorientierten Ansatz auf und läßt Freiraum für Spontaneität, Kreativität und Bedürfnisäußerungen sowohl der Jugendlichen als auch des Jugendarbeiters.

5.5 Der Jugendliche Gruppenleiter und das Modell

Dieses Modell bezieht sich nur auf hauptamtliche Jugendarbeiter. Ein Gruppenleiter ist froh, wenn etwas läuft, wenn er ein Programm hinbekommt. Ihm zu sagen, er müsse nach einem didaktisch-methodischen Modell vorgehen, könnte er überhaupt nicht verstehen.

Viele Gruppen- oder Clubleiter machen sich sehr wohl über ihre Ziele Gedanken. Zudem glaube ich, daß auch sie nach diesen vier Schritten „informieren-planen-handeln-auswerten“ bewußt oder unbewußt vorgehen, denn diese Schritte sind so logisch, daß man kaum anders handeln kann.
Eine andere Frage ist es, wie man den Gruppenleitern dieses Modell vorstellt. Hier muß der Jugendarbeiter methodische Überlegungen anstellen, um dem Jugendlichen die Einzelelemente des Modells so zu verdeutlichen, daß dieser sie versteht und für seine Praxis übernehmen kann. Es wäre wünschenswert, wenn Jugendarbeiter Schulungen für Gruppen- und Clubleiter durchführen würden, um mit ihnen die in diesem Buch dargelegten Fragen zu klären und sie zu überzeugen, nach diesem Modell – sicher in einigen Punkten auf ihre Situation abgewandelt – vorzugehen. Wenn dieses didaktische Lern-Spiral-Modell dem Jugendarbeiter eine Hilfe ist und ihm Sicherheit in seinem Handeln bringt, ist nicht einzusehen, wieso dies nicht auch für jugendliche Mitarbeiter gelten soll. Ich bin allerdings davon überzeugt, daß viele Jugendarbeiter dieses Problem bereits seit langem sehen und in Schulungen nach einem ähnlichen Modell vorgehen.

5.6 Schuldidaktische Modelle und das Lern-Spiral-Modell

In der Schuldidaktik unterschiedet man zwischen verschiedenen didaktischen Schulen bzw. didaktischen Theorien. Gibt es zwischen diesen und dem Lern-Spiral-Modell Verbindungen?

Aus verschiedenen Gründen konnte nicht auf die einzelnen didaktischen Schulmodelle (Bildungstheoretische Didaktik, Lehrtheoretische Didaktik, Curriculare Didaktik, Kommunikative Didaktik, Kybernetische Didaktik)[65] eingegangen werden. Das hier entwickelte didaktische Modell für Jugendarbeit ist auf der Grundlage schulischer Modelle entstanden. Auf Grund der Unterschiede zwischen den Erziehungsinstitutionen Schule und Jugendarbeit konnte kein didaktisches Schulmodell auf den Bereich der Jugendarbeit einfach übertragen werden, sondern es waren eigene Überlegungen notwendig. Das hier vorgestellte didaktische Lern-Spiral-Modell für Jugendarbeit berücksichtigt die Besonderheiten der dritten Erziehungsinstitution. Insofern kann man sagen, daß

65 *R. Winkel (Hrsg.):* Didaktische Theorien. Westermann Verlag. Braunschweig 1981.

einzelne Elemente der schuldidaktischen Modelle in dieses Lern-Spiral-Modell eingegangen sind bzw. als Grundlage dienten. Hinzuzufügen ist, daß bisher noch kein didaktisches Modell für Jugendarbeit vorliegt, auf das man hätte zurückgreifen können. Entsprechend versteht sich dieses Modell als ein erster Entwurf, der zum Weiterdenken anregen soll.

6 Lernkontrolle

• *Sie sollten in bezug auf das didaktische Lern-Spiral-Modell gelernt haben*

1. Was versteht man unter beruflicher Kompetenz?
2. Auf welchen vier Ebenen vollzieht sich pädagogisches Planen und Handeln?
3. Welches sind die Elemente der ersten Ebene des didaktischen Modells der „Information“?
4. Welches sind die Elemente der zweiten Ebene „Konzeption“?
5. Welches ist das Element der dritten Ebene „Aktion“?
6. Welches sind die Elemente der vierten Ebene „Reflexion“?

• *Sie sollten in der Lage sein, folgende Einwände zu entkräften*

1. Das didaktische Modell ist zu kompliziert. In der Praxis wird man nicht danach arbeiten.
2. Man kann unmöglich ständig über seine berufliche Kompetenz nachdenken. Vor lauter Reflexion käme man gar nicht zum Handeln.
3. Die Verbindung zur schulischen Didaktik ist nicht ersichtlich.
4. Das Lern-Spiral-Modell muß daraufhin eingeschränkt werden, daß es in spontanen Situationen nur begrenzt tauglich ist.
5. Das Lern-Spiral-Modell mag für Jugendarbeiter gelten, nicht aber für jugendliche Mitarbeiter, wie z. B. Gruppen- und Clubleiter.

7 Literatur

• Kompetenz

Feldmann, R.: Fachkompetenz des Sozialpädagogen in der offenen Jugendarbeit, in: deutsche jugend 11/1981, 508-514.

Geißler, K./Hege, M.: Konzepte sozialpädagogischen Handelns. Urban & Schwarzenberg Verlag. München 1978, 242-248.
Keil, S. u. a. (Hrsg.): Studienreform und Handlungskompetenz im außerschulischen Erziehungs- und Sozialwesen. Luchterhand Verlag. Neuwied 1981.
Kösel, E.: Soziale Lernziele in der Schule. Otto Maier Verlag. Ravensburg 1975.
Müller, S. u. a. (Hrsg.): Handlungskompetenz. AJZ Verlag. Bielefeld 1982.
Piontkowski, U.: Psychologie der Interaktion. Juventa Verlag. München 1976, 119-126; 184-187.

- *Didaktik als Schulwissenschaft*

Adl-Amini, B./Künzli, R. (Hrsg.): Didaktische Modelle und Unterrichtsplanung. Juventa Verlag. München 1980.
Blankertz, H.: Theorien und Modelle der Didaktik. Juventa Verlag. München [10]1977.
Born, W./Otto, G. (Hrsg.): Didaktische Trends. Urban & Schwarzenberg Verlag. München 1978.
Borsum, W. u. a.: Einführung in die Didaktik. Urban & Schwarzenberg Verlag. München 1982.
Heimann, P.: Didaktik als Unterrichtswissenschaft. Klett-Verlag. Stuttgart 1976.
Klafki, W.: Studien zur Bildungstheorie und Didaktik. Beltz Verlag. Weinheim 1975.
Meyer, H.: Leitfaden zur Unterrichtsvorbereitung. Scriptor Verlag. Königstein 1980.
Schulz, W.: Unterrichtsplanung. Urban & Schwarzenberg Verlag. München 1980.
Winkel, R. (Hrsg.): Didaktische Theorien. Westermann Verlag. Braunschweig 1981.

Konsequenzen für die Jugendarbeit

Jugendarbeit erhebt den Anspruch, eine eigenständige dritte Erziehungsinstitution zu sein. Man verweist in der Argumentation auf den Tatbestand, daß Jugendarbeit eigene theoretische Modelle, Ziele und Methoden besitzt. Bei der Durchsicht der relevanten Literatur zur Jugendarbeit fällt jedoch auf, daß das Thema „Didaktik der Jugendarbeit" mit wenigen Ausnahmen kaum behandelt wird. Dies verwundert um so mehr, wenn man weiß, daß planvolles Lehren bzw. Erziehen und Lernen ohne ein didaktisches Konzept kaum möglich ist. Sicher mag diese Abstinenz hinsichtlich einer Didaktik der Jugendarbeit darin begründet sein,daß man sich gegen eine Verschulung durch Didaktik und Curricula wehrt. Die Assoziation mit schulischem Lernen rechtfertigt jedoch nicht die Ablehnung eines didaktischen Konzeptes. Didaktische Modelle sind für den schulischen Bereich entwickelt und werden in der erziehungswissenschaftlichen Literatur intensiv diskutiert, so daß sich bereits eine kaum noch überschaubare Literatur zum Thema angesammelt hat. Die Diskussion um den Stellenwert der Didaktik im Lernbereich „Schule" macht eines deutlich: Wo intentionales Lernen erfolgt, geht es um ein organisiertes, geplantes Lernen, und dieses muß möglichst allen aus der Lehr-Lern-Gruppe verdeutlicht und durchsichtig gemacht werden.

Wenn Jugenarbeit eine eigenständige Erziehungsinstitution ist, in der intentionales Lernen erfolgt, bedarf auch Jugendarbeit eines didaktischen Modells.

Ich behaupte nicht nur im Sinne einer Empfehlung, daß diese Überlegungen praxisrelevant sind, sondern ich bin davon überzeugt, daß sie für die Praxis von Bedeutung sind. Wenn die didaktischen Modelle für die Schulpraxis bereits seit Jahrzehnten erzieherischer Alltag sind, stellt sich die Frage, wie Jugendarbeit so lange ohne ein didaktisches Modell auskommen konnte. Es ist an der Zeit, daß auch Jugendarbeiter sich didaktischer Konzepte bedienen und deren Handhabung üben. Vielfach ist das Argument „Das alles ist ja nur Theorie" ein Verdecken von Nicht-kennen und Nicht-können. Es bleibt zu wünschen, daß jeder Jugendarbeiter die Notwendigkeit erkennt, Lehr-Lern-Prozesse nach einem didaktischen Modell zu planen.

Notizen

Notizen

Notizen

Weitere Werke von Johannes Schilling:

Der Jugendclub
Impulse für die offene Jugendarbeit
176 Seiten. Kartoniert

Die Erfahrungen in der Jugendarbeit zeigen, daß die geschlossene Jugendgruppe für einen großen Teil der Jugend nicht (mehr) die geeignete Form der Gesellung ist.
Jugendliche ziehen der geschlossenen Gesellungsform einen offenen, selbstinitiierten Jugendclub vor.
Das Buch ist ein Plädoyer für eine offen strukturierte Jugendarbeit. Leitfragen der Darstellung sind:
Welche Bedeutung haben Cliquen für Jugendliche?
Welche Ziele können mit der Clubarbeit erreicht werden?
Wie gründet man einen Jugendclub?
Wie läßt sich ein Club organisieren?
Welche Aktivitäten und Programme sind möglich?
Welche Chancen, Grenzen und Probleme hat der Jugendclub?

ferner

3 x 52 Gruppenstunden
Ideen und Tips für Gruppenleiter
195 Seiten. Kartoniert
In Koproduktion mit dem Burckhardthaus Verlag

Kirchliche Jugendarbeit in der Gemeinde
147 Seiten. Kartoniert

Methodenbuch Jugendarbeit I
199 Seiten. Kartoniert

Planung von Ferienlagern und Freizeiten
Ein Ratgeber für Gruppenleiter
159 Seiten. Kartoniert

Kösel-Verlag · München

Jan Heiner Schneider (Hrsg.)

Freie Räume – freie Zeiten

Schülerkurse und Besinnungstage
160 Seiten. Kartoniert

Dieses Buch will Lehrer – nicht nur Religionslehrer – ermutigen, mit ihren Klassen, oder mit freien Schülergruppen, Schülerkurse und Besinnungstage durchzuführen

In den letzten Jahren gewinnen Schülerkurse und Schülertage zunehmend an Bedeutung. Sie erweisen sich als willkommene Ergänzung und Fortführung des Religionsunterrichts. Das Buch stellt folgende Themen und Erfahrungsfelder dieser Schülerkurse vor: Selbstannahme, Angenommen werden durch andere, Freundschaft und Liebe, Spiele, Bildbetrachtungen, Gottesdienste, Friedenserziehung Generationskonflikte, Auseinandersetzungen in den Familien, den Gruppen, der Schule, Wochenendseminare, mehrtägige Wanderfahrten, Exkursionen zu kirchlichen und caritativen Einrichtungen sowie Wanderungen mit der Bibel.